四川师范大学2023年度研究生教育教学改革研究项目(项目编号:2023YJSJG011)

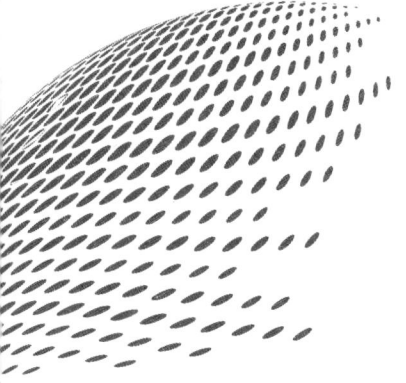

新时代研究生导学思政工作体系构建

吴进 ● 著

XINSHIDAI YANJIUSHENG
DAOXUE SIZHENG
GONGZUO TIXI GOUJIAN

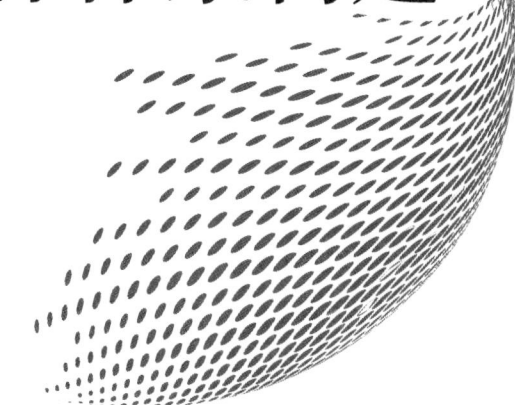

图书在版编目（CIP）数据

新时代研究生导学思政工作体系构建 / 吴进著.
成都：四川大学出版社，2024. 10. -- （大学思政研究丛书）. -- ISBN 978-7-5690-7376-8
Ⅰ．G643.1
中国国家版本馆CIP数据核字第2024P2V756号

书　　名：新时代研究生导学思政工作体系构建

Xinshidai Yanjiusheng Daoxue Sizheng Gongzuo Tixi Goujian
著　　者：吴　进
丛 书 名：大学思政研究丛书

丛书策划：庞国伟　梁　平
选题策划：唐　飞
责任编辑：唐　飞
责任校对：王　锋
装帧设计：裴菊红
责任印制：李金兰

出版发行：四川大学出版社有限责任公司
　　　　　地址：成都市一环路南一段24号（610065）
　　　　　电话：（028）85408311（发行部）、85400276（总编室）
　　　　　电子邮箱：scupress@vip.163.com
　　　　　网址：https://press.scu.edu.cn
印前制作：四川胜翔数码印务设计有限公司
印刷装订：成都金龙印务有限责任公司

成品尺寸：170 mm×240 mm
印　　张：11.25
字　　数：213千字

版　　次：2024年11月 第1版
印　　次：2024年11月 第1次印刷
定　　价：60.00元

本社图书如有印装质量问题，请联系发行部调换

版权所有 ◆ 侵权必究

扫码获取数字资源

四川大学出版社
微信公众号

前 言

面对百年未有之大变局,我国高校思政工作承担着落实立德树人根本任务和培养民族复兴后继人才的重要使命。在机遇与挑战并存的新时代,我国高校思政工作必然要顺应时代变局、国家发展和民族前景,探索出科学合理和具有中国特色的高质量发展之路。新时代,对于研究生思政工作而言,环境的客观性、教育的连续性和工作的整体性等因素决定了其在高校思政工作中具有共性特征,然而研究生复杂的群体结构、特殊的成长过程、高层次的培养目标等因素又决定了其具有鲜明的个性特征。

与本科教育相比,研究生教育的培养目标更侧重于培养研究生的"科研""实践""创新"等能力,培养过程往往围绕"科研活动"和"实践活动"展开。在时间维度上,研究生的专业课、思政课等课程的学习时间占比较少,参加体育、文艺等校园文化活动的实践也少。在空间维度上,研究生的生活场景和学习场景往往局限于实验室、宿舍、图书馆之间,班级和集体的概念被弱化,生活在课题或科研团队的小圈子里。在研究生的培养时空里,研究生导师是研究生接触时间最长、关系最紧密的人，是指引研究生深入专业领域、接触社会领域的关键人物，导师的言传身教、潜移默化地影响研究生。该特点决定了研究生思想政治工作体系的特殊性，即以导学关系为核心、以研究生培养过程为线性、以导学活动为阵地展开的特殊模式。为适应研究生培育的现实特点，诸多学者呼吁探索构建"导学思政"工作体系，破解当前研究生思想政治教育工作难点，真正落实全方位育人、全员育人、全过程育人的工作要求。在此背景下，本书选择"新时代研究生导学思政工作体系的构建"为研究课题并展开研究，希望为研究生思政工作的改革发展献言献策。本书一共分为六个章节：

第一章"新时代背景下的研究生导学思政工作概览"。本章首先对研究生思政工作在主体、对象、环境、形态和目标方面发生的深刻变化进行剖析，得出原有的工作模式已不适合时代发展需要的结论。其次，在适应研究生培育的现实特点和推动研究生思政工作高质量发展的背景下，对"导学思政"育人理念的提出背景、内涵进行了探讨。最后，从理论上对导学思政工作和导学思政工作体系的概念、含义、内涵、结构等基本理论问题进行了界定分析，并对构建"研究生导学思政工作体系"的必要性作出了分析论证。

第二章"现状与挑战：研究生导师思政育人工作的深度剖析"。本章选择 S 省 C 市 5 所高校为样本，采取问卷调查、随机访谈等方式，调查分析了当前研究生导师思政育人或德育工作的现状。调查显示，导师思政育人工作在职责落实、师德师风情况、学生满意度方面总体上良好，但存在工作制度未实现系统完备、工作范式未实现统一协调、工作力量未实现多方合力的问题。同时，本章列举了当前导师育人正反两方面案例并总结了相关经验教训，为导师育人工作的改进完善提供了启示和反思。

第三章"理论支撑：新时代导学思政工作体系构建的理论基础"。本章对构建研究生导学思政工作体系的理论基础进行归纳概括，在马克思关于人的全面发展理论、思想政治教育目的论、中国共产党关于青年思想政治教育的相关论述和习近平高校思想政治教育理论等马克思主义教育理论基础上分析了其构建的重要性；同时，考察了国内外高校育人工作的相关先进范例，得出以隐性教育推动显性教育成果转化、建立平等和谐导学交互关系、调动多主体育人工作合力、打造多维立体育人网络等方面的经验启示，为研究生导学思政工作体系的构建提供了实践思路。

第四章"现实关切：对研究生导师育人工作难点的回应"。本章对导师育人工作难点进行了深度剖析，从导学关系、育人过程、育人方位和育人主体四个方面进行了考察。发现在导学关系方面，存在导学关系异化、导学需求错位、导学地位不对等、导学制度不合理的问题；在育人过程方面，存在育人场域单一、育人维度受限、育人环境封闭的问题；在育人方位方面，轻价值引领重学业指导、轻人文关怀重学业交流、轻个性化教育重一般性指导、轻协同育人重个体影响；在育人主体方面，导师育人意识和能力不足、各主体职责定位不清、研究生同辈育人功能未得到发挥。而导学思政工作体系的构建就是对这些工作难点作出的现实关切和回应，有利于相关工作痼疾从源头化解。

第五章"策略与路径：构建高效能的研究生导学思政工作体系"。本章对构建高效能研究生导学思政工作体系的策略和路径进行了分析，详细介绍了该体系构建的基本目标、原则和实施路径。在构建目标方面，明确"拓展思想政治工作新空间、凝聚导学双向育人合力、夯实研究生'三全育人'体系"三个基本目标，坚持"政治性与思想性统一、科学性与人文性并重、主导性与主体性协调、系统性与层次性结合"四个基本原则，提出"组织保障维度、育人主体维度、导生关系维度、路径载体维度"四条实施路径。

第六章"实施设想：新时代研究生导学思政工作体系的构建"。结合前文对"研究生导学思政工作体系"内涵、结构和构建策略的分析，本章对研究生导学思政工作体系构建建议从功能角度考虑，着力构建导学关系保障工作矩阵和导学主体互动工作矩阵。前者从导师育人的组织保障、能力培养、宣传引导、考核评价、导学关系维护等维度搭建保障系统，后者从协同育人、导学互动等维度搭建互动育人系统。在两大工作矩阵完成搭建后，进一步对导学思政的场域进行延伸融合，如向党建思政、网络思政、日常管理等场域进行育人工作融合。

由于笔者水平有限，书中难免存在不妥之处，敬请同行专家和广大读者批评指正。

著　者

2024 年 8 月

第一章　新时代背景下研究生导学思政工作概览……（1）
第一节　新时代背景下研究生思政工作的新特点……（1）
第二节　研究生导学思政工作体系的概念解析………（8）
第三节　研究生导学思政工作体系构建的必要性……（18）

第二章　现状与挑战：研究生导师思政育人工作的深度剖析………………………………………………（23）
第一节　研究生导师思政育人工作现状………………（23）
第二节　研究生导师思政育人工作的不足……………（30）
第三节　导师育人现实案例的研究分析………………（40）

第三章　理论支撑：新时代导学思政工作体系构建的理论基础……………………………………………（44）
第一节　马克思主义教育理论对导学思政工作的支撑………………………………………………（44）
第二节　新时代教育理念与导学思政工作的融合……（62）
第三节　国内外高校先进育人经验与启示……………（69）

第四章　现实关切：对研究生导师育人工作难点的回应………………………………………………（86）
第一节　研究生导师育人工作中的导学关系问题……（86）
第二节　研究生导师育人工作中的育人过程问题……（96）

1

第三节　研究生导师育人工作中的育人方位问题……………(101)
　　第四节　研究生导师育人工作中的育人主体问题……………(105)

第五章　策略与路径：构建高效能的研究生导学思政工作体系…………(110)
　　第一节　研究生导学思政工作体系构建的目标………………(110)
　　第二节　研究生导学思政工作体系构建的基本原则…………(115)
　　第三节　研究生导学思政工作体系构建的实施路径…………(124)

第六章　实施设想：新时代研究生导学思政工作体系的构建…………(133)
　　第一节　构建导学关系保障工作矩阵…………………………(133)
　　第二节　构建导学主体互动工作矩阵…………………………(149)
　　第三节　探索导学场域融合工作模式…………………………(154)

参考文献……………………………………………………………(164)

后　　记……………………………………………………………(169)

第一章　新时代背景下研究生导学思政工作概览

> **内容提要**：新时代，研究生思政工作在主体、对象、环境、形态和目标方面发生了深刻变化，原有的工作模式已不适合时代发展需要。为适应研究生培育的现实特点和推动研究生思政工作高质量发展，"导学思政"育人理念应运而生。在此理念指导下，探索构建"导学思政"工作体系成为破解当前研究生思想政治教育工作难点的现实需要。本章主要从理论上对"导学思政"育人理念、导学思政工作和导学思政工作体系的概念、含义、内涵、结构等基本理论问题进行了界定分析，并对构建"研究生导学思政工作体系"的必要性作出了分析论证。

第一节　新时代背景下研究生思政工作的新特点

中国特色社会主义进入新时代，新的历史条件、矛盾内涵、指导思想和战略安排指引着中国特色社会主义事业向"两个一百年"目标奋进。在此背景下，我国高校思想政治工作（即"思政工作"）也迎来新的发展起点和历史机遇。随着当代经济的飞速发展、文化的交流碰撞和科技的日新月异，世界各国高校思想政治教育工作的主体、客体、介体、环体和目标都发生着深刻变革，意识形态领域的斗争更加激烈多变。面对当前百年未有之大变局，我国高校思政工作承担着落实立德树人根本任务和培养民族复兴后继人才的重要使命。在机遇与挑战并存的新时代，我国高校思政工作必然要顺应时代变局、国家发展和民族未来，探索出科学合理和具有中国特色的高质量发展之路。经历十余年的理论探索和实践创新，我国高校思政工作在整体上已呈现鲜明的整体性、发展性、文化性、综合性、开放性、多样性、创新性和实践性的新特点。[①]

在新时代，对于研究生思政工作而言，研究生复杂的群体结构和高层次的培养目标等因素决定了其在高校思政工作中具有个性特征，环境的客观性、教育的连续性和工作的整体性等因素又决定了其共性特征。

一、工作主体多维度协同

随着新时代研究生思政工作理论研究和实践探索的不断深入，在顺应国家"造就大批德才兼备的高层次人才"的时代背景下，研究生思政工作在理念、理论与制度层面的深化和创新将是常态。目前，我国研究生思政工作的改革创新已见成效，内涵式发展目标已初步达成，例如，初步构建起"大思政"工作格局，实现了"三全育人""协同育人""系统育人"工作理念革新，一体化推进课程思政、学科思政、科研思政、党建思政与导学思政融合发展。

相较于新时期，新时代研究生思政工作不仅改革创新了传统领域的思政课程建设、校园文化建设、学生心理健康教育、党建育人建设等，还进一步延伸拓展至学生科研活动、专业教育、社会实践、导学关系、职业教育、网络育人等工作维度，真正实现全过程、全方位育人。同时，为解决责任主体不清、队伍力量不足、专业水平不高的问题，还压紧压实了各级主体责任并打破了传统育人主体格局，形成校（所）—院（系）各级党委主责、各级领导班子成员"一岗双责"，思政教师、校内辅导员与研究生导师分工负责、密切配合，校外导师、兼职辅导员、其他任课教师作为补充的全员协同育人格局。

在"三全育人"工作理念下，新时代研究生思政工作在工作方位、过程和主体层面已发生内涵式发展和完善。从某种意义上讲，新时代研究生思政工作最明显的特征之一就是实现了工作主体多维度协同，工作内涵的丰富和工作队伍的健全。

二、工作对象群体性变化

在我国当代研究生教育体系中，以"90后""00后"为主要群体的研究生有着鲜明的时代特点，他们热爱祖国、积极向上、思维活跃、眼光独到，善于

---

① 曹馨月，张群. 新时代高校思想政治教育的创新发展[J]. 辽宁工业大学学报（社会科学版），2021，23（1）：90—93.

探索和接受新鲜事物，勇于表达自身想法；同时，因缺乏社会经验和人生历练，他们的独立思考和判断能力不足，易容受到外界环境影响。但值得肯定的是，他们是民族复兴的"生力军"，是生机蓬勃的一代。随着我国研究生教育规模的扩大和国内外环境的深刻变化，研究生思想政治工作对象已发生群体性变化，思政工作面临着巨大挑战。

（一）群体结构庞大复杂

在新时代，我国社会主要矛盾已转化为人民日益增长的美好生活需要和不平衡不充分的发展之间的矛盾，各行各业犹如千帆竞发般争相发展。政府、企业、高校等各类市场主体对高质量人才的需要和人才需求的迭代升级，许多社会在职人员重返校园、深造学习，我国研究生群体传统的以本科应届生为主的单一结构悄然向多年龄层次、多社会背景的混合结构。在此结构中，群体在思想认知、社会阅历、生活习惯、家庭责任等方面的差异较大，这不仅在群体内部产生不同的影响，也挑战着研究生思政工作者传统的教育管理方法。同时，由于我国研究生教育的不断扩招，相较于2010年研究生招生情况，我国研究生群体规模翻了一倍以上。[①] 尽管近年来各高校不断扩大思政工作教师的招聘规模，但是远不及于研究生群体的增长速度。庞大复杂的研究生群体正考验着各高校思政工作的承受能力和工作效能。

（二）网络依赖程度高

21世纪是信息化的时代，互联网早已融入人们生活方方面面。截至2023年12月，我国网民规模达到10.92亿人，互联网普及率达到77.5%。作为高层次人才，研究生群体对互联网的普及率肯定远高于这一水平，也被社会媒体称之为"网络一代"。在互联网基础上的新媒体或自媒体，由于传播快速、内容丰富和个性突出等特点，使得研究生群体对互联网和新媒体有较高的依赖性。在信息爆炸的网络场域，新时代研究生的思维模式和行为方式正在悄然变化，他们喜爱在网络分享生活、发表观点、关注社会和寻找学习资料，普遍接受线上教学和学习的方式，这是值得肯定的。但是由于网络空间监管的滞后，宣扬虚假、暴力、色情、价值观扭曲的负面信息的层出不穷，研究生群体在不

[①] 根据《2023年全国研究生招生调查报告》显示，2011年我国研究生招生数量为56万余人，2021年我国研究生招生数量为117.65万人，尤其是2020年为应对疫情带来的冲击和缓解就业压力，研究生招生增长20.7%，创下近年增长新高。

同程度上也受到影响和误导，特别是在婚恋交友、职业选择方面。新时代，如何利用网络和新媒体进行正向的思想政治教育和管理是当今研究生思政工作者需要不断探索的课题。

（三）价值观念多元化

相较于本科生群体，研究生群体的知识积累、社会阅历、眼光视野和思想成熟程度都有极大提升，有着较为稳定和理性的价值观念和判断。首先，研究生有着强烈的爱国主义情感和社会主义的认同感。有学者对全国10所不同高校的研究生针对国家此次疫情防控情况进行调研，结果显示：63.03%的研究生表示能感受到社会主义和资本主义的本质区别，对社会主义的认同感不断加强①。其次，研究生有着多元化的价值观念。随着中外文化深入交流，研究生群体对以影视、游戏、短视频等为载体的外国文化输出产品有着广泛涉猎，加之自身生活环境和文化环境的影响，不同价值观念在同一群体中渗透或同一个体中塑造形成。在泥沙俱下的社会思潮中，这既使得研究生有着宽阔的视野格局，又使得缺乏独立判断能力的研究生易受到腐朽文化侵蚀。

（四）自我意识突出

当代研究生绝大多数是"95后"独生子女，其成长的物质条件和家庭环境都普遍较好，他们的眼光早已超越了基本的温饱生存问题，更多人开始关注人生目标、价值选择和自我追求的实现。因此，他们有着强烈的自我意识和表达欲望，喜欢在社交媒体发表自己观点、分享生活状态。但他们大多数人生阅历简单，没有经历较大的人生挫折和生活疾苦，逆境承受能力、生活独立能力和应急应变能力不足，容易产生各种心理问题，发生极端行为。这值得研究生思想政治工作者注意改变教育管理的态度和方式。

三、工作环境更复杂严峻

"进入了新时代，我们比历史上任何时期都更接近、都更有信心和能力实现中华民族伟大复兴的目标"②。处于民族复兴的关键时期，我国需要保持高

---

① 张碧菱，叶定剑. 研究生思想行为特点及教育策略［J］. 高校辅导员学刊，2021，13（4）：91-95.
② 习近平. 在庆祝中国共产党成立100周年大会上的讲话［J］. 求是，2021（14）：4-14.

速的发展速度，抓住当今世界短暂和平稳定的窗口期。在高速发展期间，我国要打破传统社会结构向现代社会转型，这势必会引发一系列社会问题。当前，我国高速发展过程中的内外环境问题使得各高校和培养单位的研究生思想政治教育工作面临更加复杂严峻的形势。

从国际形势来看，西方资本主义国家阵营对我国的伟大复兴从政治、经济、文化和军事等多维度进行或明或暗的打压、渗透和破坏，以达到维护西方资本主义国家为主的国际秩序。文化领域的斗争犹如"没有硝烟的战场"，宣扬自由、民主、享乐、个人英雄主义的西方文化产品不断输入我国，以"奶头乐""阴柔审美"等文化糟粕不断侵蚀着民族凝聚力和战斗意志，我国青少年的价值观、世界观和人生观受到不同程度的负面影响，当然也包括研究生群体。我国在意识形态领域的针锋斗争从未间断，面对百年未有之大变局显得愈发激烈。当今世界国家之间竞争，是综合国力的竞争，更是高层次创新人才资源的竞争。作为国家高层次人才群体，研究生的思想政治状况决定着"为谁培养人、培养什么样的人"的根本问题。因此，各研究生培养单位必须充分认识到研究生思想政治教育工作的重要性并摆在战略地位。

从国内形势来看，因城乡发展不平衡不充分和新冠疫情带来的经济下行影响，研究生在就业、职业发展和职场生存方面出现了各种各样的问题。加之西方腐朽文化的渗透和部分新媒体裹挟的负面思潮，加剧了研究生群体在婚恋交友、家庭生活等方面存在的焦虑抑郁、暴力倾向、情感障碍等心理健康问题，这无疑加大了研究生思想政治教育工作难度。新时代的研究生思政工作不能再"大水漫灌"而要"精准施策"，不能再"流于形式"而要"入心入脑"，创新探索出一套科学、系统、高效的工作体系机制。

四、工作形态全方位延伸

所谓思政工作形态，是指关于思政工作的场域、路径、载体、方式等方面的表现态势。根据《高校思想政治工作质量提升工程实施纲要》（教党〔2017〕62号）《关于加强和改进新形势下高校思想政治工作的意见》《教育部 发展改革委 财政部关于加快新时代研究生教育改革发展的意见》（教研〔2020〕9号）等政策文件和各培养单位的工作实践，不难看出：新时代高校研究生思政工作当前已经初步形成了全员、全方位、全过程的工作格局，早已突破了传统工作形态，实现了全方位延伸，特别是在工作场域、方式和载体方面。

(一) 工作场域延伸

以往，我国高校研究生思政工作场域主要集中线下思政课堂中，对组织育人、校园文化育人、生活服务育人等传统场域的重视程度不足且工作实效不佳。同时，科研活动、实践活动等场域是否要发挥育人功能并未得到政策明确。这使得以往的研究生思政工作存在空间留白、工作虚化，工作合力难以形成，工作成效得不到巩固持续。新时代研究生思政工作统筹线上线下两个场域，线上开展网络思政工作，线下实现课堂、生活、科研、实践、组织、心理、资助、校园文化等育人场域全面覆盖，以防止出现工作缺位和短板出现。

(二) 工作方式延伸

我国高校的研究生思政工作在过去主要以教育为主要方式，填鸭式、大水漫灌式说理教育占据主导，事前辅导性工作缺乏，工作互动性和针对性不足，传统工作方式很难将导学内容在学生群体间产生共鸣，产生工作实效。随着"以生为本""系统育人""协同育人"等理念引入和实践，我国高校研究生思政工作逐渐重视管理与服务的育人功能。因此，新时代的研究生思政工作将传统工作方式明确延伸至"教育、管理、服务"三个层面，并调动各个层面的主体肩负育人职责。

(三) 工作载体延伸

所谓思政工作载体，是指在思想政治工作过程中承载、传导思想政治工作信息，能为思想政治工作主体所用，且主客体可借此相互作用的工作形式。[①] 以往的研究生思政工作采取面对面交流、纸质资料、讲座会议等几类传统载体，将育人内容进行传递，如课堂教学、个别谈心、团体座谈、专题报纸、期刊、宣传册、专题讲座、报告会等。随着网络和自媒体的高速发展，研究生思政工作场域向网络空间延伸，工作载体不再局限于前述几类，网络平台、多媒体教学、线上互动等新兴载体广泛运用，既增强了工作趣味性和可接受度，也让工作质效提升。特别是近年来，全国范围内各高校开展的"易班""青年之声""智慧团建""两微一端"等网络思政平台建设和运用已取得了良好成效，运用网络平台载体等新兴载体的开展新时代思政工作已成为共识。此外，随着图片、文字、音乐、视频、动漫等内容载体的兴起，思政工作载体的进一步丰

---

① 贺才乐. 思想政治教育载体研究[M]. 武汉：湖北人民出版社，2004.

富和延伸也有了现实可能。

五、工作目标向高层次迈进

2016 年 12 月，习近平总书记在全国高校思想政治工作会议上指出："思想政治工作从根本上说是做人的工作，必须围绕学生、关照学生、服务学生，不断提高学生思想水平、政治觉悟、道德品质、文化素养，让学生成为德才兼备、全面发展的人才。"2020 年 7 月，习近平总书记在全国研究生教育工作会议上指出："中国特色社会主义进入新时代，即将在决胜全面建成小康社会、决战脱贫攻坚的基础上迈向建设社会主义现代化国家新征程，党和国家事业发展迫切需要培养造就大批德才兼备的高层次人才。"习近平总书记关于研究生教育及思想政治工作的系列论述为新时代高校思政工作的加强和改进明确了目标定位和主要任务，成为未来研究生思政工作改革创新的纲领性文件。

当前我国高校的研究生思政工作就是要以"培养德才兼备、全面发展的高层次人才"为总体目标，围绕"立德树人"的根本任务，提升和强化研究生的思想水平、政治觉悟、道德品质和文化素养。当然，自新中国成立以来，我国高等教育历来重视研究生的思想政治工作，其在不同时期的工作目标总体差异不大，但在时代要求、工作内容、具体任务等微观层面上仍有不同。

（一）时代要求方面

相较于新时期，新时代国家社会需要的人才具有复合性、研究性和创新性特征，在综合能力素质上有着更高层次需求。正是这种需求内在地要求研究生思政工作更加人性化、精细化和系统化，要真正让教育、服务和管理都发挥全方位育人作用，让教师、导师、教辅人员都担负全员育人职责，让学生成长的所有过程都不能缺位育人工作。这让新时代研究生思政工作在"质"的规定性上有着巨大飞跃。

（二）工作内容方面

随着人才培养规律的认识深入，在横向上，研究生成长需要的职业生涯指导、心理健康辅导、分类发展培养、平台建设、网络育人、服务育人、管理育人等新内容逐渐引入研究生思政工作。在纵向上，育人场域也不再局限于课堂，网络、组织、科研、实践和校园文化等场域都要发挥育人作用，各个育人场域的育人主体和育人工作的加入使得研究生思政工作在"量"的规定性上达到空前发展。

（三）具体任务方面

我国各个时期的高校研究生思政工作大致都围绕着"加强思想政治引领、促进学生全面发展、强化实践教育、加强队伍建设、创新工作方法、营造良好氛围"六大具体任务展开。新时代，随着时代需要、工作内容、工作对象和工作环境的变化，研究生思政工作的具体任务也发生的内在变化，如工作队伍建设日趋专业化和专职化、创新运用现代信息技术、更加注重学生心理健康教育和服务等。各项具体任务已经有了新的时代内容和要求，不在此赘述。

新时代新征程上，我国要顺利实现"第二个百年奋斗目标"，对德才兼备、全面发展的高层次人才的需求更加迫切，我国研究生教育及思政工作必然要顺应时代发展和需要，向更高层次迈进。

第二节 研究生导学思政工作体系的概念解析

一、"导学思政"育人理念的提出与内涵

（一）"导学思政"育人理念的提出

2020年7月，习近平总书记在全国研究生教育会议上作出重要指示："研究生教育在培养创新人才、提高创新能力、服务经济社会发展、推进国家治理体系和治理能力现代化方面具有重要作用。各级党委和政府要高度重视研究生教育，推动研究生教育适应党和国家事业发展需要，坚持'四为'方针，瞄准科技前沿和关键领域，深入推进学科专业调整，提升导师队伍水平，完善人才培养体系，加快培养国家急需的高层次人才，为坚持和发展中国特色社会主义、实现中华民族伟大复兴的中国梦作出贡献。"[①] 同年9月，我国教育部、国家发改委、财政部联合发布《关于加快新时代研究生教育改革发展的意见》，指出我国研究生教育："到2025年，基本建成规模结构更加优化、体制机制更加完善、培养质量显著提升、服务需求贡献卓著、国际影响力不断扩大的高水

---

① 中央政府门户网站. 习近平对研究生教育工作作出重要指示 [EB/OL]. [2024-05-25]. https://www.gov.cn/xinwen/2020-07/29/content_5531011.htm.

平研究生教育体系。到2035年，初步建成具有中国特色的研究生教育强国。"在强化研究生思想政治教育工作方面，明确要求"健全'三全育人'机制""全面从严加强管理"，要"发挥导师言传身教作用，激励导师做研究生成长成才的引路人""强化导师岗位管理，全面落实育人职责"等。可见，我国在研究生思想政治教育工作领域逐渐重视研究生导师的"立德树人"作用。在此背景下，如何构建良好的导学关系、如何发挥研究生导师的立德树人作用、如何形成一种导学共育的工作体系成为近年来学界和实务界重点关注的课题，同时一种新的教育工作理念随之而出，即"导学思政"育人理念。

与本科教育相比，研究生教育的培养目标更侧重于培养研究生的"科研""实践""创新"等能力，培养过程往往围绕"科研活动"和"实践活动"展开。因此，在时间维度上，研究生的专业课、思政课等课程的学习时间占比较少，参加体育、文艺等校园文化活动的时间也少。在空间维度上，研究生的生活场景和学习场景往往局限于实验室、宿舍、图书馆之间，班级和集体的概念被弱化，生活在课题或科研团队的小圈子里。在研究生的培养时空里，研究生导师是研究生接触时间最长、关系最紧密的人，是指引研究生深入专业领域、接触社会领域的关键人物，导师的言传身教、潜移默化地对研究生产生深远持久的影响。[①] 该特点决定了研究生思想政治教育工作体系的特殊性，即以导学关系为核心、以研究生培养过程为线性、以导学活动为阵地展开的特殊模式。因此，为适应研究生培育的现实特点，贯彻"导学思政"教育理念并探索构建"导学思政"工作体系成为破解当前研究生思想政治教育工作难点的现实需要，抓住了落实落细研究生思想政治教育工作的主要矛盾。

（二）"导学思政"育人理念的内涵

关于"导学思政"育人理念的内涵，国内有部分研究者根据研究生思政工作的目标、场域、难点和政策形势需要作出了学理概括，产生了诸多代表性的观点。例如，上海大学王佳寅认为，"导学思政"是指依托或借助导学互动而开展的思想政治教育实践活动[②]，其基本内涵是：为"立德树人"的根本任务，根据研究生思政工作的现实特点和导师育人现状和要求，立足"导学互动"关系，加强导师育人责任，联合多主体协同育人，共同打造以学术科研、

---

① 王佳寅. "导学思政"的内涵、核心要素与实施方略 [J]. 研究生教育研究，2021 (6)：63—67.
② 王佳寅. 研究生导学思政"五为"育人体系建设探究 [J]. 四川省干部函授学院学报，2024 (1)：97—101.

校园文化生活、社会实践等多元化导学互动场景，让导学之间在沟通、交流、互动中实现研究生思政工作和导师思政工作的有效协同，为"三全育人"改革在研究生思政领域的拓展内容、创新方法和延伸路径。东北师范大学刘志认为，"导学思政"即依托导学活动开展思想政治教育，其基本内涵是：为落实立德树人根本任务，导师注重挖掘导学活动内在的思想政治教育元素，将思想政治教育有机融入导学活动全过程，在学业指导中润物无声地融入思想引领和价值塑造，实现对研究生价值塑造、知识传授、能力培养的三维融合。"导学思政"是研究生思想政治教育的关键机制，也是研究生思想政治教育的具体实践形态。① 大连理工大学张小钢认为，"导学思政"是指依托导学活动开展的研究生思想政治教育，是落实立德树人、增强研究生思政教育针对性和实效性的实然转变，是在已有的导学活动中挖掘思政元素，是一种隐性的研究生思想政治教育。其重点是导师将内在思政元素有机融入导学活动的全过程中，通过依托各类载体在不同场域的互动关系融入思政教育，完善价值引领、科研指导和能力塑造的三位一体人才培养体系，进而践行为党育人、为国育才的教育使命。②

当然，关于"导学思政"内涵研究成果并不限于此，本书仅选择了部分的代表性观点。根据现有研究成果和导师育人的现状和要求，我们认为"导学思政"的基本内涵可从以下维度进行理解。

1. 产生背景

"导学思政"是为贯彻落实新时代高校研究生教育落实"立德树人"根本任务和凝聚"三全育人"工作合力，根据研究生育人特点，充分激发研究生导师对学生的价值引领、行为引导、品格塑造功能，以形成严密的协同育人网络而应运而生。

2. 导学场域

"导学思政"依托良性的导学互动关系，围绕日常学习、科研活动、职业规划、生活服务、心理辅导、社会实践、校园文化等场域展开。

---

① 刘志，张佳宁. 研究生思想政治教育亟待建设"导学思政"体系[J]. 思想理论教育，2022（2）：96-100.

② 张小钢，杨茜，唐健璐，等. "三全育人"视角下"导学思政"体系的实践建构研究[J]. 才智，2023（31）：73-76.

3. 育人目标

"导学思政"一方面要求研究生导师通过自身言传身教,让学生深植爱国主义情怀、坚持正确政治立场、提高思想道德水平、养成良好学术志趣、塑造健康的身心状态,真正让导师成为塑造学生"品格、品行、品味"的"大先生";另一方面,要求在导学互动中,发挥导师与学生间思想引领互动效果,实现价值认同和共识凝聚,让导学关系更加良性发展。

4. 导学方式

"导学思政"要求研究生导师等育人主体要将显性教育和隐性教育相结合、教育与管理服务相结合,尊重学生主体地位,充分发挥导学双向育人作用。

5. 导学主体

"导学思政"立足于导学关系这一核心,但导学主体并不局限于导师与研究生两个唯二主体,而是以"导师—学生"为核心,在导师侧的主体以校内导师为核心由内向辅导员、思政干部、思政专任教师、心理健康教师、校外导师、管理人员等主体延伸;在学生侧的主体以研究生自身为核心由内向学生干部、学生党(团)员、学生党团组织等主体延伸。因此,它的导学主体是呈波状向外扩散式的多主体协同育人格局。

基于上述分析,笔者将"导学思政"育人理念定义为:在新时代落实"立德树人"根本任务目标背景下,各培养单位根据研究生培养特点和导学关系这一核心,通过激发和凝聚导师侧和学生侧主体育人力量,充分挖掘导学育人场域和资源,采取多样育人方式,推动研究生导师回归教书育人本职,健全完善"三全育人"工作体系的一种新理念。

二、研究生导学思政工作的概念及内涵

(一)研究生导学思政工作的概念界定

作为研究生教育的重要组成部分,研究生导学思政工作对于塑造研究生的正确世界观、人生观和价值观,培养具有社会责任感和创新精神的高层次人才具有至关重要的作用。在逻辑上,对"研究生导学思政工作"进行概念界定,我们首先需要对"导学思政""思政工作"等关键词进行概念厘清,方能对其

作出准确提炼和概括。前文已对"导学思政"育人理念作出分析和定义，我们还需对"思政工作"的概念进行分析和界定。

作为思想政治工作的简称，"思政工作"是政治工作中的思想性部分和思想工作中的政治性部分的总和。简而言之，它是思想工作与政治工作的有机结合。在高等教育中，开展思政工作的社会意义在于保证党的政治路线的实现，通过全面贯彻执行党的方针、政策，发展社会主义教育事业，坚持社会主义办学方向，为满足社会主义现代化建设的需要而培养全面发展的人才。它的教育意义在于：一方面，通过思想工作促进学生价值意识觉醒和观念更新，接受正确的价值标准和选择标准，树立正确的世界观、人生观和价值观，培育开拓进取精神的精神、求真务实态度、科学的思想方法等；另一方面，通过政治工作传播主导性的政治观和民主法制观，培养学生的政治辨别能力和政治行为能力。它在内涵上包含思想政治教育、管理和服务三种工作职能，在外延上包括思想政治教育工作、领导管理体制的建立、队伍的组织与培训、理论的研究探讨、工作方法的研究、经验的总结推广等多方面的实践活动。① 值得注意的是，"思政工作"与"思想政治教育"在日常管理中经常同时出现或混用，但前者的内涵、外延比思想政治教育更为广泛，后者仅是前者的组成部分，是前者的一项重要工作内容，但并不能等同。

结合"导学思政"与"思政工作"的含义，本书将"研究生导学思政工作"定义为：为落实立德树人根本目标和促进研究生全面健康发展，各培养单位根据研究生培养特点，围绕不同导学场域，以导师育人为主，充分调动导师侧与学生侧主体力量，对研究生群体开展的思想政治工作。它由教育、管理和服务三种工作职能组成，其中教育职能为核心，包括但不限于思想政治教育、日常行为引导、心理健康服务、管理体系完善等工作内容。

（三）研究生导学思政工作的内涵

研究生导学思政工作的内涵主要包括以下几个方面。

1. 工作定位与目标

（1）工作目标：研究生导学思政工作的核心目标是以思想政治教育为核心，培养研究生的理论素养、思维能力、创新精神和社会责任感。

（2）工作定位：立足于国家和地方发展的需求，旨在为建设中国特色现代

---

① 张耀灿，徐志远. 现代思想政治教育学科论［M］. 武汉：湖北人民出版社，2003.

化强国服务，是国家高等教育体系中的重要组成部分。

2. 工作内容与方式

（1）思想政治教育：研究生导学思政工作的首要内容是思想政治教育，包括国家政策、社会形势、社会主义核心价值观等方面的学习。研究生进行爱国主义、集体主义、社会主义教育，引导研究生树立正确的国家观、民族观、历史观和文化观。

（2）实践教育：除了理论学习，研究生导学思政工作还注重实践教育。通过组织学生参与社会实践、志愿服务等活动，让学生亲身体验社会、了解国情，增强社会责任感和实践能力。

（3）学术和职业道德教育：导师联合辅导员、思政专任教师、职业指导教师等主体在指导学生进行科学研究和职业生涯指导过程中，培养学生的学术道德和职业道德。教育学生遵守学术规范，诚信治学，严谨求实，树立正确的科研态度、学术观念和职业动机。

（4）心理健康服务：导师联合辅导员、思政专任教师、心理辅导员、学生干部、学生社团、校学工部、校共青团、心理健康辅导中心等主体或组织密切关注学生日常学习生活中的心理健康状态和动向，对有心理问题的学生提供谈心谈话、心理干预等服务，及时发现、尽早干预。

（5）日常行为引导：始终坚持"学高为师、身正为范"的原则，通过导师良好的师德师风，对学生潜移默化地进行价值塑造、行为示范和行为纠正，特别是在科学研究、职业道德、人际关系等方面。

（6）完善管理机制：为促进工作效能提升，高校（院、所）各级思政工作管理部门要牵头负责本职范围内的监督考评机制、队伍培养机制、工作协同机制、意见反馈机制等导学思政管理机制建立健全。

（7）完善保障机制：为确保各级思政工作责任部门职责落地落实，学校、学院（系）、学科培养点三个层面组织都要负责建立健全研究生导学思政工作领导机制、问责机制等，形成权责清晰、组织有力的导学思政保障机制。

3. 主体角色与责任

（1）研究生导师：导师是研究生导学思政工作具体的实施者和执行者，扮演着至关重要的角色。他们既是学术知识的传授者，也是学生价值观和行为倾向的领路人。导师需要关心学生的成长和发展，了解学生的思想和心理状况，及时发现问题并给予指导和帮助；同时，导师还需要与研究生进行定期的思想交流，了解学生的思想政治表现，并将其纳入研究生的学年总结鉴定表中。

（2）学生及学生党团组织：学生及学生党员干部在研究生导学思政工作中扮演着辅助角色，以学生先进典型、党员干部同辈效应，传达正向的人生观、世界观和价值观。学生党团组织要发挥组织作用，以活动、讲座、结对帮扶和及时发声等方式关心关爱学生、回应社会热点问题、进行自我教育。

（3）辅导员、思政教师等教辅人员：与导师职责类似，各类教辅人员在研究生导学思政工作中同样扮演着实施者和执行者角色。他们需要在课堂课外将育人职责内化于教育、服务和管理工作，与导师一起密切配合，全方位地将各项育人工作落实到研究生成长的全过程。

（4）校院党委、宣传部、共青团、学工部等组织：这些组织在研究生导学思政工作中主要起着领导、协调和保障作用，主要负责制订工作计划、完善各项管理机制和保障机制等。

总之，研究生导学思政工作的内涵丰富而深刻，旨在通过全方位的思想政治工作内容和方式，提高研究生的整体素质，促进研究生的全面发展。

三、研究生导学思政工作体系的含义及内涵

（一）研究生导学思政工作体系的含义

结合前文分析，"导学思政工作"内涵丰富，绝不是某一项工作或某一类工作的简单相加，而是多种职能属性工作的有机结合和系统集成。从管理学角度讲，当不同职能属性工作复杂化并产生交织时，管理者则需要从整体上对完成工作的机构、职责、规则、方式等内容构建起一个清晰、有序、高效的各类系统集合，即"工作体系"。唯有如此，才能确保各类工作有序开展、效能互补、形成合力。

"工作体系"一词，在高校思想政治工作中经常被广泛使用，如建设"思想政治教育体系""高校思想政治工作体系""理论武装体系""日常教育体系""管理服务体系"等。或者，在工作总体系之下，又有若干子体系。可见，"工作体系"一词在日常使用中存在混用等不规范现象。实际上，"工作体系"源于管理学领域，是由若干系统组成的集合，系统又由若干体制和机制组成。所谓系统，是在一个体系内，具有同类职责、功能的机构（体制）的组合。所谓体制，是组织机构和相应的职责、分工、定位。所谓机制，是组织机构内部、体制内部的运行方式、合作关系、相互关系，完成工作的规则、方式、方法的

组合。因此，工作体系是由以体制和机制为内容的不同功能的系统而构建起的。几者间的关系是"工作体系—功能系统—体制+机制"。同时，体制和机制是通过若干静态和动态的制度得以建立，静态的制度包括组织机构设置、职责分工等方面的规则，动态的制度包括实施主体、工作方法、运行方式等方面的规则。从另一个角度看，工作体系的构建就是各类制度建立的过程。关于工作体系的结构如图1-1所示。

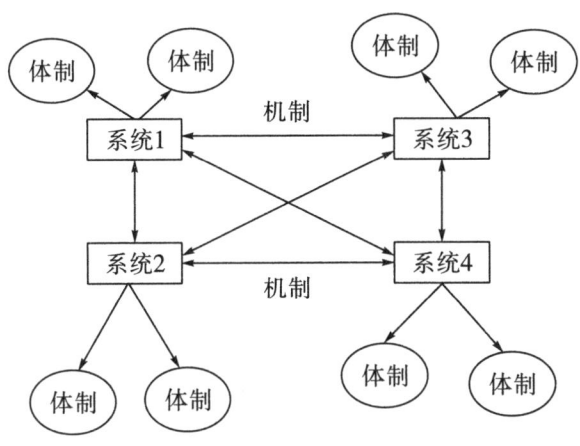

图1-1　工作体系结构图

此外，由于某些工作的外延或者细分领域的逐渐增多，每一个条线或细分领域同样需要呈系统化的工作体系来支撑，这造成若干个子体系集合成一个庞大的总体系。实务中常出现总体系之下涵盖若干子体系的现象。

对于"研究生导学思政工作"而言，它围绕教育、管理、服务职能开展丰富的工作内容，因而形成了不同功能的工作系统。从学理上讲，"研究生导学思政工作体系"就是为促进研究生导学思政工作的有序高效开展，对其不同工作系统的组织机构、职责分工、合作关系、工作方式、运行规则等内容，在遵循教育和管理原理基础上构建起的若干静态和动态的制度集合。当然，在高校思政工作或研究生思政工作中存在着各种各样的工作体系，有的是从思政工作整体进行的宏观建构，体量庞大、系统复杂，有的是从思政工作的某一条线或专项试点进行的精细构建，两者之间存在整体与部分、普遍性与特殊性相结合的关系。很显然，"研究生导学思政工作体系"属于后者，它专注于研究生导学思政工作的系统规划，统属于高校思政工作总体系或研究生思政工作总体系之中。

15

（二）研究生导学思政工作体系的内在结构

自我国开设研究生教育以来，广大研究生导师将德育与智育并举，立德修身、严谨治学、潜心育人，为国家发展作出了重大贡献。在我国早期的研究教育体系中，对导师育人或导学思政工作的认识还未上升到现在的高度，导师育人工作更多的是通过导师师德师风师范行为准则来达到间接育人的目的。如今，国家教育行政管理部门和各研究机构逐步认识到"导学思政工作"更符合研究生培养的特殊性，部分高校率先开始实践摸索如何开展导学思政工作、如何构建完整的导学思政工作体系，如清华大学、中国地质大学、湖南大学、烟台大学、辽宁师范大学、江南大学、山东大学、山东师范大学等。这些高校在工作机制、平台搭建、队伍建设、氛围营造等方面的有益探索不仅为我们构建"研究生导学思政工作体系"提供了实务范例，也为我们从理论上归纳概括其内在结构提供了启发。

目前，国内各大高校（院、所）在导学思政工作领域的探索发展远不止上述几所高校，但在总体上进行工作体系构建并取得成熟成果的高校（院、所）并不多，而清华大学、山东师范大学和烟台大学则是为数不多的代表。

1. 清华大学"导学思政工作体系"

作为国内较早探索实施导学思政工作的高校，清华大学已建立起"两个工作矩阵，八个工作体系"为框架的导学思政工作体系：

（1）构建导学关系保障工作矩阵，包括完善制度保障体系、构建导师培训支持体系、构建导学关系保障体系、建立导学关系调研体系、建设宣传引导体系。例如，在制度保障体系方面，建立校级导学思政工作领导小组，研究生院、研究生工作处、人事处等职能部门和各院系为责任单位的组织体系；在完善导师培训支持体系方面，系统完善新入职教师、新上岗导师培训，实施导学思政专题培训全覆盖，推出导师"心理育人"辅导育人在线研修课堂等。

（2）构建导学多元互动工作矩阵，包括完善师生党员交流体系、深化科研育人体系和丰富师生活动体系。例如，在完善师生党员交流体系方面，开设"导学热线"，邀请离退休教师担任导学关系咨询专家；在深化科研育人体系方面，研究生导师在学生入学、开题、论文写作、答辩等关键节点开展深入的谈心谈话，弘扬服务国家战略需要和科技前沿的学术导向；在丰富师生活动体系方面，依托院系设立导学交流空间，鼓励师生互动，开展良师益友教师访谈、导学早餐、导学读书会等活动。

2. 山东师范大学"导学思政工作体系"

山东师范大学通过立制度、建机制、树品牌、造氛围等举措，打造以"师德引航、育人引路、业务引领"为主要内容的研究生导学思政品牌矩阵，构建起"导师示范、过程浸润、协同育人"的导学思政育人工作体系。

（1）立制度，建机制。建立"学校主导、学院主体、导师首责"的研究生思政工作体制，实行"导师、辅导员、德育辅导员"三维工作机制，建立健全德智体美劳"五育"融合机制。制定《关于进一步落实研究生安全和心理健康责任实施办法》等，印发《全面落实研究生导师立德树人职责实施细则》《关于进一步落实研究生指导教师思想政治教育首要责任的实施办法（试行）》，明确导师在研究生管理和心理健康教育中的职责，以及"思想引领""配合参与""监督管理""交心谈心""预审鉴定""率先垂范"六项工作制度。建立《辅导员月志》制度，促进辅导员与导师沟通。定期召开导师思政工作专题会，掌握导师思政工作情况并作为招生指标、评奖评优、考核聘任的重要依据。

（2）树品牌，造氛围。贯通第一第二课堂、协同线上线下渠道，弘扬"爱生如子、尊师重道、同学互助、师生共进"的优良校园风气，传扬教学相长、团队共建、追求卓越、争创一流的特色导学文化。推动导学思政品牌化建设，进行研究生"五导"卓越导学团队评选表彰。利用网站、微信公众号、视频号等媒体平台，开设"导学思政""导学故事"专栏，对获奖的导学团队进行深度采访报道，以榜样力量引领导学思政建设全面深入开展。以"师德师风建设年"、师德专题教育、师德师风警示教育、"树师德 正师风"专项整治活动等为抓手，狠抓师德师风建设，树立师德典范，促进教师思政与导学思政融合推进。抓住导学互动各环节，强化环境熏陶和过程浸润，努力营造崇尚科学、鼓励创新、服务国家、造福人民的学术氛围。通过评选表彰"学术十杰"打造学术楷模，通过"治学·修身"研究生学术论坛分享科研经验，激发学术理想，通过"导学下午茶""我最喜爱的研究生导师"评选、导学共育文化节、"研师益友"工作坊等系列导学活动，搭建导-学交流共建的广阔平台，构建起立体化的育人软环境。

3. 烟台大学"导学思政育人体系"

该体系是对大学生思政工作模式的改革创新，当然也适用于研究生思政工作之中。烟台大学主要从和谐导学关系建设、教师队伍建设、导学互通载体建设三个方面进行构建。

（1）和谐导学关系建设：通过现场调研等方式，挖掘导学关系紧张的问题根源，正视导学关系中的矛盾和冲突，净化导学育人空间；树立教师正面积极育人形象，开展优秀教师教育选树工作。

（2）教师队伍建设：加强指导教师的培训工作，以《研究生导师指导行为准则》为标准，健全评价体系，严格导师岗位管理；发挥思政工作人员作用，协助辅导员建立"导学思政研究室"，畅通与学生导师的沟通渠道；集中党员教师育人力量，在科研团队中建立垂直党支部，探索"党建＋导学思政"工作模式。

（3）导学互通载体建设：将正式与非正式思政教育有机融合，把正式的说教转变为非正式的沟通交流，把显性说教转变为隐性浸润；将"二元对话"转变为"多元对话"，把思政工作融入学术活动，将育人内容融入学术沙龙、专业读书会、学术会议等互动场景。

从以上三所高校的探索成果不难看出，"研究生导学思政工作体系"的内在结构至少应当包括导学组织保障、导师培训支持、导学关系维护、导学宣传引导、导学工作评价、导学交流互动、主体协同育人等工作系统。在功能类型上，应该具备导学关系保障和导主体学互动两大工作矩阵。

第三节　研究生导学思政工作体系构建的必要性

新时代，对于研究生思政工作而言，构建研究生导学思政工作体系是担当新使命、应对新环境、应对对象群体变化、促进工作现代化的现实需要，这对于落实立德树人根本任务、提升研究生培养质量、强化导师育人责任以及促进多主体协同育人等方面都具有重要意义。

一、担当研究生思政工作新使命的必然需要

人才是第一资源，创新是第一动力。作为高层次人才，硕士、博士研究生群体成为推进我国各领域高速发展的重要人才力量。因此，研究生教育在我国整个教育体系中的重要地位毋庸置疑，正如习近平总书记强调："研究生教育在培养创新人才、提高创新能力、服务经济社会发展、推进国家治理体系和治

理能力现代化方面具有重要作用。"[1]

在研究生教育中，将智育与德育结合、"树人"与"立德"并举，不仅是我国高等教育的优良传统，也是世界研究生教育的普遍规律。面对世界百年未有之大变局和中华民族伟大复兴的关键时期，高度重视和着重强调研究生思想政治教育工作是新时代高层次人才培养的迫切需要，也是促进研究生群体全面健康发展的现实需要。因此，自党的十八大以来，习近平总书记在不同场合多次对研究生教育和高校思想政治教育工作作出重要论述和指示。特别是在2016年12月召开的全国高校思想政治工作会议上，习近平总书记为高校思想政治工作的重大意义、目标任务和基本要求作出纲领性指导。在2020年的7月召开的全国研究生教育会议上，习近平总书记对研究生教育工作作出重要指示。

新时代，我国研究生教育的目标任务是"适应党和国家事业发展需要，培养造就大批德才兼备的高层次人才"[2]，高校思政工作的目标任务是"让学生成为德才兼备、全面发展的人才"。因此，我国高校研究生思政工作的新使命就是"围绕党和国家事业发展需要，培养德才兼备、全面发展的高层次人才"，基本方法论是要"因事而化、因时而进、因势而新"。当前，我国研究生思政工作面临着工作对象群体变化、工作形势复杂严峻、工作形态全方位延伸、工作目标向高层次迈进的挑战和机遇，研究生思政工作不能因循守旧、流于形式，而要真正抓住主要工作矛盾，探索遵循符合研究生思政工作规律、教书育人规律和学生成长规律的新方法和新机制。

然而，构建"导学思政"工作体系正是推动研究生思政工作担负新使命的现实需要而作出的理念创新和实践创新。因为在研究生培养时空里，育人空间的封闭性决定了在导学关系以外的辅导员、思政专任教师等其他育人主体和活动难以保持思政工作的针对性、及时性和持续性，育人时间的分散性决定了在其他育人力量难以形成工作合力。反观研究生导师德育工作，导师不仅具有先天的时空优势，育人职责的应然回归也呼唤他们必须要肩负起"立德树人"责任。因此，唯有建立起"导学思政"工作体系，才能真正补齐"三全育人"工作体制机制存在的短板，让研究生思政工作在新时代更好地担使命、建新功。

---

[1] 赵洺，樊磊. 新时代研究生党建育人何以可能 [J]. 高校辅导员学刊，2022，14（2）：63-68.
[2] 习近平对研究生教育工作作出重要指示强调：适应党和国家事业发展需要 培养造就大批德才兼备的高层次人才 [N]. 人民日报，2020-07-30.

二、应对研究生思政工作新环境的现实需要

当前，研究生思政工作面临着诸多新挑战。一方面，全球化背景下的文化交流与碰撞，使得研究生的思想观念日趋多元化、复杂化；另一方面，互联网技术的普及，使得信息传播速度加快，信息内容鱼龙混杂，给研究生的价值观塑造带来了极大的冲击。此外，学术压力大、就业竞争激烈、职业发展等问题也对研究生的心理健康和思想稳定产生不良影响。构建"导学思政工作体系"就是围绕以学生—导师这一中心场域，重点激发导师育人功能，尊重和调动学生主体的双向互动、同辈影响的育人作用，并与其他工作主体协同育人，形成严密的"三全育人"工作体制，让思政工作在研究生成长过程中较隐蔽的、易忽视的、易出问题的领域和环节不再工作缺位或难以触及，如研究生的心理健康问题、政治立场问题、婚恋交友问题、职业动机问题等。在研究生日常学习生活中，由于与研究生接触机会少、时间短，辅导员、思政课教师、教辅人员等育人主体很难真正发现、引导和解决这些问题。

然而，"导学思政"工作体系不仅强调导师在研究生思政工作中的引领作用，通过导师的言传身教、榜样示范，引导研究生树立正确的世界观、人生观和价值观；同时，还要注重课程思政与日常思政的有机结合，通过课堂教学、课外实践等多种方式，将思政教育贯穿于研究生培养的全过程。该工作体系的提出，正是应对当前研究生思政复杂工作环境而作出的应对之策。首先，它能够充分发挥导师在研究生思政工作中的引领作用，通过导师的言传身教、榜样示范，引导研究生形成正确的思想观念和道德品质。其次，它能够加强课程思政和日常思政的有机结合，使思政工作更加贴近研究生的实际需求，提高思政教育的针对性和实效性。最后，它还能够促进研究生之间、研究生与导师间、导师与其他主体间交流与互动，形成良好的育人氛围和团队精神，为研究生的全面发展提供有力保障。未来，我们应当继续深化对导学思政工作体系的研究与实践，为研究生思政工作注入新的活力与动力。

三、应对研究生群体特征新变化的具体需要

作为国家高层次人才，经过更深入的专业学习和社会实践，他们具有更严谨的学术精神、更高的专业水平和更独立的思考判断能力。他们对思政工作的针对性、趣味性、有效性和及时性本身就有更高要求，使得研究生思政工作必

须保持与时俱进、不断创新。当前,研究群体结构庞大复杂、网络依赖程度高、价值观多元化、自我意识突出,使得思政工作过去的工作模式不能完全适应研究生成长特点需要。随着研究生群体特征变化,思政工作必须要改变以往单一刻板、居高临下工作形态,注意工作的协同性和体系性、方式的互动性和趣味性、过程的全面性和针对性、手段的丰富性和柔和性。

与本科生相比,绝大多数研究生群体的成长时空都与自身导师息息相关,导师对学生的价值观念、思想道德和行为引导影响巨大。在某种程度上讲,导学思政工作居于研究生思政工作的核心部分和重要地位,弥补了以往研究生思政工作不足,解决了制约工作质效的短板,真正让研究生思政工作形成全方位、全过程、全员育人的格局。从育人方式来看,导师言传身教的隐性教育作用极大地提高了思政工作的柔和度和可接受性;互动式育人拉近了导师与学生距离,有利于形成良性的导学关系。换个角度看,随着研究生招生规模扩大,辅导员、专任思政课教师和其他教辅人员常常是一比几百的比例开展工作,很难真正深入了解每个学生思想道德情况,要确保工作的针对性和有效性更是难上加难。相反,导师与研究生天然的亲密关系让近距离地、有针对性地开展思政工作成为可能,这是其他育人主体所不具备的。因此,在当前研究生群体特征变化背景下,不管是健全工作体系还是提高工作质效来看,加快构建"导学思政"工作体系是毋庸置疑的。

四、促进研究生思政工作现代化的客观需要

所谓研究生思政工作现代化,是指将研究生的思想政治教育工作与时代发展趋势相结合,通过引入现代教育理念、创新工作方法和技术手段,提升思政工作的科学化、系统化和专业化水平,以更好地适应和满足研究生全面发展的需求。当前,我国高校对思想政治教育工作和研究生教育工作进行的系列改革,实际上就是对包括思想政治教育工作在内的研究生教育进行的现代化改革。

推动研究生思政工作现代化,需要根据新时代研究生群体特点和需求,对工作的理念、内容、方法、评价、管理和队伍建设等方面进行系统性创新和改革。①理念创新:引入现代思想政治工作理念,如终身学习、全面发展、创新驱动、平等主体等,强调研究生的主体地位,关注他们的成长需求和发展潜力,引导研究生树立正确的世界观、人生观和价值观。②内容更新:紧密结合国家发展战略和时代要求,更新思政工作内容,增加前沿性、交叉性和综合性

的教育内容。注重培养研究生的社会责任感、创新精神和国际视野，提高他们的综合素质和核心竞争力。③方法创新：利用现代技术手段，如在线教育、虚拟现实（VR）、增强现实（AR）等，创新思政工作方法，提高教学效果和参与度。倡导互动式、体验式、探究式的教学方式，鼓励研究生积极参与、主动学习，激发他们的学习热情和创造力。④队伍建设：加强研究生思政工作队伍建设，提高思政工作者的专业素养和业务能力。加强导师在思政工作中的作用，发挥他们的示范和引领作用，促进导师与研究生之间的深度交流和互动。⑤评价管理：建立科学、合理的思政工作评价体系，注重过程和结果的双重评价。关注研究生的成长和发展，将思政工作的成果与研究生的个人发展相结合，激励他们积极参与思政工作并取得更好的成绩。⑥经验借鉴：加强与国际高校和研究机构的交流与合作，借鉴国际先进的思政工作理念和经验。拓展研究生的国际视野，培养他们的跨文化交流能力和全球竞争力。

反观"导学思政"工作体系，它本身就是为满足研究生思政工作现代化客观需要而进行探索尝试，对原有研究生思政工作理念、方法、内容、评价和管理等进行的完善创新。该体系通过发挥研究生和导师在思政工作中的"主体性"作用，拓展出思想政治工作的崭新空间，实现全员、全过程、全方位的思政工作新格局。同时，随着现代化教育理念和技术手段的引入，如在线教育、大数据分析等，思政工作的整体效率和质量也会得到大幅提升。

第二章　现状与挑战：研究生导师思政育人工作的深度剖析

内容提要：新时代，作为研究生培养的第一责任人，研究生导师是研究生思想政治教育工作的重要参与者。本书选择S省C市5所高校为样本，采取问卷调查、随机访谈等方式，调查分析了当前研究生导师思政育人或德育工作的现状。导师思政育人工作在职责落实、师德师风情况、学生满意度方面总体上良好，但存在工作制度未实现系统完备、工作范式未实现统一协调、工作力量未实现多方合力的问题。实践中，导师育人的诸多正面案例为我们开展导师德育工作提供了丰富的经验借鉴，但负面案例的曝光也值得各研究生培养单位警醒，防止类似情况发生。

第一节　研究生导师思政育人工作现状

近年来，我国教育部门发布《关于全面落实研究生导师立德树人职责的意见》《新时代高校教师职业行为十项准则》《研究生导师指导行为准则》等系列文件[1]，对研究生导师的基本素质、育人职责和根本任务等作出明确界定。新时代，研究生导师是研究生思想政治教育工作的重要参与者，是高校"三全育人"中的重要一员，是研究生思想政治教育的"特殊"教育者，是研究生培养的第一责任人。[2] 研究生导师的身份职责经历"学业指导""学业指导＋思政工作者""首要责任人""第一责任人"四个阶段转变，即从"教书匠"到"大

---

[1] 吕家辉. 习近平青年思想政治教育观引领研究生成才研究［D］. 石家庄：河北科技大学，2021.
[2] 刘棒棒. 研究生导师育人作用发挥研究［D］. 武汉：华中师范大学，2023.

先生"的转变，本质上是研究生导师对"教书育人"职责的回归。在研究生教育中，导师需在学生培养过程中开展思政育人工作或德育工作，已经成为普遍共识。

经过近年的发展实践，当前研究生导师思政育人或德育工作的现状如何？已取得了哪些成绩？还存在哪些方面的不足？这些都值得我们调查分析，也有助于理解"导学思政工作体系"产生的现实背景。笔者面向 S 省 C 市 5 所高校（其中师范类院校 1 所、理工类院校 2 所、综合类院校 2 所）的在校硕士研究生、博士研究生以及研究生导师、辅导员等思政工作者进行了问卷调查（各类问卷通过网络链接方式累计发放 5860 份，回收 4890 份，有效问卷 4567 份）、访谈，对导师思政育人工作或德育工作情况进行了调查。调查结论在一定程度上反映了当前研究生导师思政育人工作情况。

一、研究生导师思政育人职责履行情况

2018 年 2 月，教育部印发的《关于全面落实研究生导师立德树人职责的意见》（以下简称《意见》），明确要求了研究生导师立德树人职责，即提升研究生思想政治素质、培养研究生学术创新能力、增强研究生社会责任感、指导研究生恪守学术道德规范、优化研究生培养条件以及注重研究生人文关怀等七个方面。[1] 其中，提升研究生思想政治素质、增强研究生社会责任感、指导研究生恪守学生道德规范、注重研究生人文关怀四个方面以及项下的具体要求[2]为研究生导师思政育人工作指明了方向。因此，了解导师思政育人职责履行情

---

[1] 韩雅琦. 研究生导师立德树人职责落实研究[D]. 新乡：河南师范大学，2021.

[2] 提升研究生思想政治素质：引导研究生正确认识世界和中国发展大势，正确认识中国特色和国际比较，正确认识时代责任和历史使命，正确认识远大抱负和脚踏实地；树立正确的世界观、人生观、价值观，坚定为共产主义远大理想和中国特色社会主义共同理想而奋斗的信念，成为德智体美全面发展的高层次专门人才。增强研究生社会责任感：鼓励研究生将个人的发展进步与国家和民族的发展需要相结合，为国家富强和民族复兴贡献智慧和力量；支持和鼓励研究生参与各种社会实践和志愿服务活动，在服务人民与奉献社会的过程中实现自己的人生价值；培养研究生的国际视野和家国情怀，积极致力于构建人类命运共同体，努力成为世界文明进步的积极推动者。指导研究生恪守学术道德规范：培养研究生严谨认真的治学态度和求真务实的科学精神，自觉遵守科研诚信与学术道德，自觉维护学术事业的神圣性、纯洁性与严肃性，杜绝学术不端行为；在研究生培养的各个环节，强化学术规范训练，加强职业伦理教育，提升学术道德涵养；培养研究生尊重他人劳动成果，提高知识产权保护意识。注重研究生人文关怀：要加强人文关怀和心理疏导，加强校规校纪教育，把解决思想问题同解决实际问题结合起来，了解学生成长环境和过程，在关心帮助研究生的过程中做好教育和引导工作；加强与研究生的交流与沟通，建立良好的师生互动机制，关注研究生的学业压力，营造良好的学习氛围，提供相应的支持和鼓励，保护研究生合法权益；关注研究生的就业压力，引导研究生做好职业生涯规划，关心研究生生活和身心健康，不断提升研究生敢于面对困难挫折的良好心理素质。

况，可以从前述四个方面进行调查分析。

为弄清"研究生导师思政育人职责履行情况"，笔者面向S省C市5所高校研究生发放《调查问卷一》，问卷设置情况见表2.1。

表2.1 调查问卷一

事项内容	具体方面	已实施	未实施	其他
导师开展思想政治素质教育情况	1. 在日常学习生活中，是否对当前世界和国家大事发表看法并作出正确分析？			
	2. 在日常学习生活中，是否对党的路线、方针、政策发表看法并作出正确分析？			
	3. 在日常学习生活中，是否开展过共产主义理想教育？			
	4. 在日常学习生活中，是否对交友、择业、婚恋、家庭关系以及社会热点现象进行价值引导？			
导师开展社会责任感教育情况	1. 是否支持和鼓励学生参与各种社会实践和志愿服务活动？			
	2. 是否鼓励学生要将个人学生志趣与国家和民族的发展需要相结合？			
	3. 是否鼓励学生要将个人职业选择与社会发展需要相结合？			
	4. 是否鼓励学生要培养自身国际视野，了解本专业国内外学术前沿问题？			
导师开展恪守学术道德规范教育情况	1. 在科研活动中，是否要求学生树立严谨认真的治学态度和求真务实的科学精神？			
	2. 在科研活动中，是否要求学生遵守科研诚信和学术道德？			
	3. 在科研活动中，是否对学生进行过学术规范训练和职业伦理教育？			
	4. 在科研活动中，是否对学生进行过知识产权等相关法律法规教育？			
导师开展人文关怀情况	1. 在日常学习生活中，是否对学生的生活、学习、身心健康等情况做过摸底调查？			
	2. 在日常学习生活中，是否愿意倾听学生心声？			
	3. 在日常学习生活中，是否愿意帮助学生解决学习生活难题或压力？			
	4. 在日常学习生活中，是否对学生做过心理健康教育或辅导？			
	5. 在日常学习生活中，是否帮助学生做过职业生涯规划或学术发展规划？			

通过数据统计发现：①在开展思想政治素质教育方面，反映导师已实施上述1～3项工作内容的学生有2475人，占比54.19%；反映导师已实施上述全部工作内容的学生有1576人，占比34.51%。这说明绝大多数导师的思想政治素质教育职责已在学生培养过程中得到初步落实，但工作的完整性和全面性还有待加强。②在开展社会责任感教育方面，反映导师已实施上述1～3项工作内容的学生有2875人，占比62.95%；反映导师已实施上述全部工作内容的学生有794人，占比17.39%。这说明绝大多数导师能落实学生社会责任感教育职责，具有良好的家国情怀和教育使命感。③在恪守学术道德规范教育方面，反映导师已实施上述1～3项工作内容的学生有3878人，占比84.91%；反映导师已实施上述全部工作内容的学生有593人，占比12.98%。这说明绝大多数导师能重视研究生的学术道德规范问题并广泛开展教育。④在开展人文关怀方面，反映导师已实施上述1～2项工作内容的学生有2946人，占比64.51%；反映导师已实施上述3～4项工作内容的学生有427人，占比9.35%；反映导师已实施上述全部工作内容的学生有153人，占比3.35%。这说明绝大部分导师在对学生的人文关怀力度不足，仍有待提高。

通过以上调查，我们得出结论：研究生导师的思政育人职责已得到初步落实，绝大多数导师在不同程度地完成各项育人工作；他们普遍重视学生的学术道德规范和社会责任感教育，但在学生思想政治素质教育和提供人文关怀方面还有明显不足。

二、研究生导师师德师风表现情况

作为思政育人工作的重要组成部分，研究生导师师德师风在隐性层面发挥着隐性育人作用，考察其表现情况也是分析其思政育人工作现状的一个重要方面。鉴于此，笔者选择导师的学术道德表现、思想政治表现和生活作风表现三个方面情况，面向S省C市5所高校开展调查研究，制作《调查问卷二》，问卷设置情况见表2.2。

第二章　现状与挑战：研究生导师思政育人工作的深度剖析

表2.2　调查问卷二

事项内容	具体方面	是	否	其他
导师学术道德表现情况	1. 在科研活动中，是否存在观点剽窃、数据造假、伪造学术经历、学术荣誉、委托他人代写论文等学术不端情况？			
	2. 在科研活动中，是否滥用学术权利，利用职务之便或学术地位、评审权利为自己或他人谋取不正当利益？			
	3. 在日常教学中，是否存在包庇、纵容他人违反学术道德的行为？			
	4. 在日常学习生活中，是否存在违反国家和学校保密规定泄露学术成果？			
导师思想政治表现情况	1. 在日常学习生活中，是否拥护党的领导、有坚定的政治立场、正确的政治导向？			
	2. 在日常学习生活中，是否发表过悖于党的路线、方针、政策的错误言论或宣传？			
	3. 在日常学习生活中，是否存在迷信或伪科学活动？			
	4. 在日常学习生活中，是否存在语言粗俗、辱骂、体罚或变相体罚学生的行为？			
导师生活作风表现情况	1. 在日常学习生活中，言谈举止、仪表、谈吐、礼仪修养是否严格要求自己、以身作则？			
	2. 在日常学习生活中，是否富有责任心、爱岗敬业、乐于奉献？			
	3. 在日常学习生活中，是否生活作风良好？			

通过数据统计发现：①在导师学术道德表现情况方面，反映导师存在上述1项以上情况的学生有564人，占比12.35%；反映导师存在其他类情况的学生有247人，占比5.41%；侧面反映出导师不存在上述情况的学生有3756人，占比82.24%。这说明绝大多数导师的学术道德表现情况普遍较好，能起到良好的榜样示范作用。②在导师思想政治表现情况方面，反映导师存在上述1项以上情况的学生有463人，占比10.14%；反映导师存在其他情况的学生有84人，占比1.84%；侧面反映导师不存在上述情况的学生有4020人，占比88.02%。这说明绝大多数导师的思想政治表现情况同样普遍良好，对学生思想政治状况产生负面影响的是极少数。③在导师生活作风表现情况方面，反映导师存在上述1项以上情况的学生有387人，占比8.47%；反映导师存在其他情况的学生有49人，占比1.07%；侧面反映导师不存在上述情况的学生

有4131人，占比90.45%。这说明绝大多数导师的生活作风良好。

此外，笔者通过访谈62位不同学历层次、年龄层次和性别的学生、导师和辅导员群体发现：在宏观层面，导师群体师德师风情况在总体上表现普遍良好，绝大多数人都能严格自律、以身作则、榜样示范。在微观层面，导师个人的师德师风情况与学历层次关系不大，更多与个人的成长经历、生活环境和家庭氛围有关，年龄和性别的因素对其师德师风的形成或影响更明显。例如，"60后""70后"导师比"80后""90后"导师更具责任心和耐心，男性导师更加关心时事政治等。此外，在研究生的培养过程中，导师对学生思想政治道德素质的形成同样关键，导师对学生产生直接负面影响的情况属于少数情况。

通过以上调查分析，我们得出结论：研究生对导师的师德师风表率情况总体评价较高，绝大多数导师能在学术道德、思想政治、生活作风方面做到严于律己、以身作则，鲜有负面行为，能较好地履行"学高为师、身正为范"的职责。

三、研究生导师思政育人工作的学生满意情况

前文以学生视角，对导师思政育人职责履行情况、师德师风表现情况进行调查分析，在一定程度上反映了导师思政育人工作的实施和表现状况。同时，笔者面向S省C市5所高校发放《调查问卷三》来调查分析学生的满意情况，重点调查分析导师思政育人工作的效果状况，问卷设置情况如下。

调查问卷三
——导师思政育人工作学生满意度调查

亲爱的同学：

您好！非常感谢您能在百忙之中填写本问卷，我们的目的在于调查S省C市5所高校在校研究生群体对导师思政育人工作的评价和满意度。本问卷为匿名填写，其结果只用于分析研究，且会严格为您保密。请您按照题目要求填写，没有特别说明的均为单选题，谢谢合作！

1. 您的性别是
①男 ②女
2. 您所在的年级是
①硕士一年级 ②硕士二年级 ③硕士三年级 ④博士一年级 ⑤博士二年级 ⑥博士三年级
3. 您的专业类型是
①人文社科类 ②理科类 ③工科类 ④医科类 ⑤艺体类 ⑥其他

第二章 现状与挑战：研究生导师思政育人工作的深度剖析

4. 您的导师职称是
①教授（研究员） ②副教授（副研究员） ③讲师
5. 您的导师是否担任行政职务
①是 ②否
6. 您的导师所带研究生数量是
①1~3个 ②3~6个 ③6~10个 ④10个以上
7. 您的导师和您互动的频率（包括谈论学习情况、心理状况、未来发展等）是
①每周1次及以上 ②每月1~2次 ③每学期1~2次 ④每学期不到1次
8. 您的导师通常采用何种方式与您进行互动（可多选）
①单独面谈 ②师门会议 ③电话或短信 ④微信/QQ ⑤电子邮件 ⑥其他
9. 您和导师进行互动的话题主要是（可多选）
①学习情况 ②兴趣爱好 ③为人处世 ④心理状况 ⑤未来发展 ⑥其他
10. 平时您与导师互动的过程中：
①自己主动找导师　　　　　　　　②导师主动找自己
③有时自己主动找导师，有时导师找自己　　④相互都不主动找
11. 您觉得您和导师之间关系是（选择最接近的一项）
①传统师徒型 ②老板雇员型 ③平等朋友型 ④父母子女型
12. 您觉得导师对您开展思想政治工作的频率是
①很少 ②一般 ③较高 ④经常
13. 您觉得导师对您开展思想政治工作的主要内容有（可多选）
①思想道德教育 ②社会责任感教育 ③学术道德教育 ④人文关怀 ⑤其他
14. 您的导师对您开展思想政治工作的主要方式有（可多选）
①课堂教育 ②课外谈话 ③带头示范 ④言行默化 ⑤其他
15. 您的导师对您开展思想政治工作主要场域有（可多选）
①课堂 ②实验室 ③师门会议 ④讲座 ⑤日常生活
16. 您觉得导师思想政治工作能帮助您解答疑惑、缓解压力或重塑认知吗
①能 ②不能 ③作用不大 ④其他
17. 您的导师会关注您的心理健康问题并作出辅导吗
①没有 ②很少 ③经常 ④其他
18. 您觉得导师的思想政治工作的总体评价是
①不满意 ②一般 ③满意 ④其他
19. 您觉得对导师思想政治工作不满意的地方是（选择最接近的一项）
①态度敷衍 ②方法单一 ③内容枯燥 ④其他
20. 您觉得导师思想政治工作哪些方面还需要再加强
①思想道德教育 ②社会责任感教育 ③学术道德教育 ④人文关怀 ⑤其他
21. 您对导师思想政治工作的意见或建议：
_____
_____
_____

问卷填写到此结束，谢谢您的配合！

通过数据统计发现：①在总体上看学生满意度，回收的有效问卷中有2475人表示满意，占比54.19%；1943人表示一般，占比42.54%；103人表示不满意，占比2.26%。这说明超过一半的学生对导师的思政育人工作表示满意，但仍有相当比例的学生表示一般或不满意。②从微观上看导师思政育人工作，与导师的互动频率在每月1~2次的学生达到3341人，占比73.16%；与导师互动采取网络或电话的学生达到3785人，占比82.88%；在互动过程中主动找自己学生的导师仅有1496人，占比32.76%；认为自己与导师是传统师徒或老板雇员关系的学生达到3127人，占比68.47%；对导师思想政治工作态度、方法和内容表示不满的学生分别达到694人、892人、1327人，分别占比15.20%、19.53%、29.06%；认为导师思想政治工作能帮助自己解答疑惑、缓解压力或重塑认知的学生有2796人，占比61.22%。这些数据侧面反映出导师与学生在日常互动不足，工作的接受度还有待提高。

通过以上调查，我们可以得出结论：研究生对导师思政育人工作的总体评价有过半数人表示满意，但导师在日常互动、工作方法、内容选择方面还存在不足，和谐导学关系的构建仍需继续努力。

第二节　研究生导师思政育人工作的不足

目前，国内诸多研究者对研究导师立德树人工作现状开展相关课题研究，发现若干问题：导师育人动力衰减化、导生关系疏离化、导师主体地位边缘化[①]，问题预警机制、导师培训支持机制、思想政治指导不足，协同育人效果还需提升等[②]。笔者通过上述问卷调查、随机访谈的方式对导师思政育人工作现状进行了抽样调查，调查分析结果表明了当前导师思政育人工作情况整体良好，较之以往有很大改观，特别是育人职责履行方面。然而，在调查过程中，从数据分析和访谈反馈，当前导师思政育人工作解决了从无到有或从不规范到规范的问题，但在工作制度、工作内容、工作合力等方面还存在诸多不足，也印证了其他学者相关研究结论。

---

① 徐礼平. 数字社会研究生导师立德树人的内涵拓展、实践困境与突破方略[J]. 学位与研究生教育，2023（10）：48—53.
② 刘秀英. 研究生导师立德树人现状调查及培训对策研究[J]. 成都中医药大学学报（教育科学版），2023，25（4）：21—24.

第二章　现状与挑战：研究生导师思政育人工作的深度剖析 ◇

一、工作制度未实现系统完备

通过对 S 省 C 市 5 所高校 21 位研究生导师进行随机访谈，访谈对象反映当前导师思政育人工作制度存在各类问题，归纳起来如下。

（一）培训支持机制问题

要有效地提升硕士生导师的岗位胜任力，高校应加强硕士生导师的团队建设、完善硕士生导师胜任力的提升机制、提高硕士生导师的专业能力。[①] 目前，在落实高校立德树人根本任务的背景下，各高校已普遍认识到导师在研究生培育过程中的重要作用，不断压紧压实导师思政工作职责，但对导师思政工作能力提升、队伍建设、工作激励方面存在制度缺位、效果不佳等问题，这导致导师个人的岗位胜任能力不足、队伍的整体力量薄弱、育人积极性不高。

通过访谈发现，21 位访谈对象中有 17 位（占比 80.95%）表示参加过岗前培训，但超过 90% 的人表示学校、学院层面的培训频率在 1 次/年及以下。笔者从访谈对象所在高校的研工部门处了解到，各高校都会在新晋导师任职前开展岗前网络培训，各学院也会组织线上线下培训，但因为担心影响导师工作时间，组织培训和日常考核的次数不多。在岗前培训课程效果评价方面，导师群体呈现两极分化，有的人认为课程有用，有的人又认为缺乏实用性，这也反映出培训课程的设计存在脱离实际的问题。在问及是否排斥培训的问题时，导师群体绝大多数人认为："岗前培训是非常有必要的，但课程内容如果脱离实际或难以解决现实问题，则与培训初衷背离。他们非常希望学校学院能真正结合导师思政工作的常见问题和工作难点，进行有针对性的培训和工作指导。此外，需要搭建起交流平台，让校内外思政工作者交流经验、共商对策。"可见，当前部分高校在导师岗位能力培训方面未形成常态化、科学化的培训机制，岗前培训的监督管理不足、日常培训缺位、课程内容设置不合理。

（二）激励保障机制问题

当前，有部分受访导师表示："在遵循研究生培养规律和特性的背景下，校院两级单位及学工部门都逐步重视导师的立德树人作用，不断拓展导师工作

[①] 何齐宗，戴志刚. 高校硕士生导师岗位胜任力的调查与思考[J]. 高等教育研究，2017（8）：51—59.

职责和内容，将育人工作考评结果与评奖评优、职务晋升、绩效奖励等挂钩，但激励政策不明、工作保障不足，特别是在导师个人职业发展方面，这导致导师育人的积极性衰减。"也有部分受访导师表示："学校想激发导师的思政育人作用，但对如何激励导师参与思政育人工作还是遵循基本套路，要么给奖金和奖杯，要么给职位职务，激励机制缺少民意调查，措施单一难以符合导师们的工作期望，大家对待工作久而久之就会懈怠。甚至，有的学校连基本的组织、经费、时间等方面的工作保障还存在欠缺。"

这说明各高校需进一步完善导师思政育人激励机制，如何将思政工作成效与导师个人职业发展建立有机联系，不再局限于单一的物质或精神奖励而让导师乐意发挥"大先生"的育人作用，是值得我们仔细思考的问题。同时，精准发现制约导师思政育人工作的体制机制障碍，给予他们相应的组织、经费、工作等方面保障，仍值得我们深入探讨。

（三）监督管理机制问题

在调研过程中，发现受访高校或研究生培养单位在导师立德树人工作方面取得了不少成绩，但仍存在不同程度的导师责任意识不强、师德师风问题偶有发生的问题，产生这一类问题最根本的原因就是监督管理机制不完善。这种不完善体现在以下几个方面。

（1）制度设计不全面：现有的监督机制可能未全面覆盖导师立德树人的各个方面，如教学指导、科研诚信、师德师风等。制度设计时可能存在漏洞或模糊地带，导致执行过程中存在困难或争议。

（2）执行力度不够：监督机构或部门在执行监督任务时可能存在懈怠或敷衍的情况，导致监督效果不佳。对于发现的问题，处理不及时或处理力度不够，未能形成有效的震慑力。

（3）学生参与不足：学生作为导师立德树人工作的直接受益者，其参与监督的积极性和有效性可能受到限制。学生反馈渠道不畅或反馈结果未得到及时、有效的处理，导致学生的声音被忽视。

（4）同行评价流于形式：同行评价可能因人情关系、利益纠葛等因素而流于形式，未能真正起到监督作用。学术交流等活动可能未能充分关注导师立德树人工作的问题和改进方向。

（5）监督方式和手段有限：目前，很多受访高校在导师立德树人的监督方面仍采用传统的考核和检查方式，如定期汇报、材料审查等，这些方式可能无法全面、深入地了解导师的立德树人工作情况，且容易流于形式。但国内有些高校在导师立德树人监督方面已开始利用大数据分析、人工智能等现代信息技术手段，以提高监督效率和准确性，这值得我们借鉴学习。

二、工作范式未实现统一协调

导师思政工作范式是指导师在研究生培养过程中，如何有效地开展思想政治教育工作的模式和方法。当前，导师思政工作常见的工作范式有以下几种。

（一）"导师+"模式

通过"导师+思政教师""导师+辅导员"等协同工作模式，实现思政教育与专业教育的有机结合，是提升研究生综合素质、促进其全面发展的有效途径。这种合作模式不仅强化了思政教育的力度，还使得思政教育更加贴近学生的专业学习和生活实际，增强了教育的针对性和实效性。常见的"导师+"模式有以下几种。

1. 导师与思政教师的合作

导师与思政教师应共同参与研究生培养方案的制定，确保思政教育内容能够融入专业课程体系，形成相互支撑、相互促进的课程体系。通过设定与专业知识相结合的思政议题，引导学生在专业学习中思考社会、伦理和道德问题。导师与思政教师可以共享教学资源，如案例、讲座、社会实践机会等，实现优势互补。思政教师可以为导师提供专业领域的思政教育资源，帮助导师在专业教学中融入思政元素；而导师则可以提供行业前沿的动态和实际问题，为思政教学提供鲜活的素材。导师与思政教师可以通过联合指导的方式，共同参与研究生的论文写作、科研项目和社会实践等活动。在指导过程中，双方可以就学生的思想政治表现和专业能力进行综合评价，及时给予反馈和建议，促进学生的全面发展。

2. 导师与辅导员的合作

导师与辅导员应保持密切的信息沟通，及时了解研究生的学习、生活和思想动态。辅导员可以将学生的日常表现、思想波动等信息反馈给导师，以便导师在专业指导中更有针对性地开展思政工作。面对研究生在学习、生活和思想方面遇到的问题，导师与辅导员应协同合作，共同寻找解决方案。例如，针对学生的心理压力或情感困扰，导师可以提供专业上的帮助和支持，而辅导员则可以提供专业的心理辅导和咨询服务。导师与辅导员可以联合组织各种形式的思政教育活动，如学术讲座、社会实践、志愿服务等。这些活动不仅可以丰富学生的课余生活，还可以加深他们对社会、国家和民族的理解和认同，提升他们的思想政治素质和社会责任感。

"导师＋"的协调工作模式的优势在于：①增强思政工作的针对性。通过与专业教育相结合，思政教育能够更贴近学生的实际需求和学习生活，提高教育的针对性和实效性。②提升教育质量。导师、思政教师和辅导员的协同工作，可以实现教育资源的优化配置和共享，提升教育质量和效果。③促进学生全面发展。协同工作模式有助于实现思政教育与专业教育的有机融合，促进学生的知识、能力、素质等方面的全面发展。

（二）"网络＋"模式

利用网络平台和新媒体技术开展思政工作，是当前时代背景下的重要趋势。通过建立微信群、QQ群等线上交流平台，可以打破时空限制，使思政教育工作更加灵活、便捷和高效。各高校通常采取以下方式利用这些平台提高思政工作覆盖面和影响力。

1. 创建多元化线上交流平台

根据研究生的专业、年级或兴趣小组等分类，建立相应的微信群或QQ群，为师生提供一个便捷的沟通渠道。如果条件允许，可以开发一个集思政教育、学术交流、生活服务等功能于一体的专属App或小程序，提高用户的黏性和活跃度。

2. 发布高质量思政教育信息

定期发布与思政教育相关的文章、视频、讲座等高质量内容，涵盖时事热点、国家政策、历史文化、道德伦理等多个方面。采用图文、音频、视频等多种形式呈现教育内容，增加可读性和吸引力。同时，可以邀请校内外专家、学者进行线上讲座或访谈，提高内容的权威性和深度。

3. 组织线上讨论和分享活动

围绕特定主题或议题，组织线上讨论会或辩论赛，鼓励学生积极参与、表达观点，促进思想碰撞和深度交流。邀请优秀研究生或校友分享学习心得、实践经验或成长故事，激发学生的共鸣和动力。设立在线问答环节，鼓励学生提问，由导师或思政教师及时解答，解决学生的疑惑和困惑。

4. 加强平台管理和维护

明确线上交流平台的使用规则和管理制度，确保平台内容的健康、积极和有序。定期清理违规内容、广告信息和垃圾信息，保持平台的整洁和良好秩序。建立用户反馈机制，及时收集和处理用户的意见和建议，不断优化平台功能和用户体验。

5. 拓展网络思政教育的覆盖面和影响力

将优质思政教育内容通过微博、微信公众号、抖音等第三方平台进行传播，扩大受众范围和影响力。与其他高校、机构或媒体建立合作关系，共同开发思政教育资源，实现资源共享和优势互补。利用大数据分析技术，对线上交流平台的用户行为、内容偏好等数据进行分析和挖掘，为思政教育工作的精准施策提供科学依据。

（三）"项目＋"模式

将思政教育与科研项目、社会实践项目等载体紧密结合，是一种高效且富有成效的德育工作方式。这种方式不仅能够深化学生对专业知识的理解和应用，还能在实践中培养他们的团队合作精神、创新思维能力和社会责任感等思政素养。通过项目研究来开展思政教育工作的常见方式有以下几种。

1. 科研项目中的思政教育融入

导师在指导学生选择科研项目时，可以有意识地引导学生关注社会热点、国家需求和学科前沿，使项目研究具有社会意义和实际应用价值。这样的选题能够激发学生的责任感和使命感，促使他们在研究中思考如何为社会作出贡献。在项目研究过程中，导师应注重培养学生的团队合作精神。通过组织小组讨论、分工合作、共同解决问题等方式，让学生体验团队协作的重要性，学会倾听他人意见、尊重他人劳动成果，培养集体主义精神和团队意识。鼓励学生勇于探索未知领域，敢于提出新观点、新方法。导师可以通过设置创新奖励机制、提供创新资源支持等方式，激发学生的创新热情和潜能，培养他们的创新思维能力和解决问题的能力。

2. 社会实践项目中的思政教育实践

结合专业特点和思政教育目标，选择具有社会意义和实践价值的社会实践项目。例如，参与社区服务、环境保护、文化传承等公益项目，让学生在实践中了解社会、关注民生、增强社会责任感。组织学生深入基层、走近群众，进行实地调研和考察。通过亲身体验和观察，让学生更加直观地了解社会现状和问题，培养他们的社会观察力和分析能力。在社会实践结束后，组织学生进行总结反思。通过撰写实践报告、分享实践经验、讨论实践中的问题等方式，引导学生深入思考实践的意义和价值，以及自己在实践中的成长和收获。同时，鼓励学生将实践中的感悟和收获融入未来的学习和生活中去。

（四）"文化＋"模式

组织文化活动和文艺比赛是丰富研究生课余生活、营造积极向上校园文化氛围的有效途径。这些活动不仅能够为研究生提供展示自我、交流思想的平台，还能在潜移默化中引导学生树立正确的文化观念和价值取向。通过文化活动来加强思政教育工作的常见方式有以下几种。

1. 精心策划文化活动

文化活动的策划应围绕积极向上的主题展开，如"传承与创新""青春与梦想""文化自信"等，确保活动内容与思政教育目标相契合。结合研究生的兴趣爱好和专业特点，设计多样化的文化活动形式，如学术讲座、读书分享会、文化展览、主题晚会、诗词朗诵比赛、戏剧表演等，满足不同学生的需求。鼓励导师积极参与文化活动的策划和组织工作，不仅为活动提供专业指导，还能通过自身的影响力吸引学生积极参与。

2. 强化文艺比赛的育人功能

文艺比赛应强调作品的思想性、艺术性和观赏性，引导学生创作反映时代精神、弘扬社会正能量的作品。通过比赛，引导学生树立正确的文化观念和价值取向。确保文艺比赛的评选过程公平公正，注重挖掘和表彰具有创新精神和文化内涵的优秀作品。同时，为参赛者提供反馈和指导，帮助他们提高创作水平和艺术修养。在组织文艺比赛的同时，可以安排作品展示、交流研讨等环节，促进参赛者互动交流，增进友谊，共同提高。

3. 营造积极向上的校园文化氛围

利用校园广播、海报、网络等渠道广泛宣传文化活动和文艺比赛的信息，激发学生的参与热情和兴趣。同时，加强对优秀作品的宣传报道，树立典型，发挥示范引领作用。通过校园环境的布置来营造文化氛围，如设置文化长廊、艺术墙等，展示师生的优秀作品和成果，让学生在日常生活中感受到文化的熏陶和滋养。将文化活动和文艺比赛作为校园文化建设的重要组成部分，持续推动其深入开展。通过定期举办、不断创新活动形式和内容，形成具有鲜明特色和广泛影响力的校园文化品牌。

对于目标院校的导师思政工作范式，笔者访谈了部分研究生、导师以及辅导员等思政工作者。有的受访导师表示："导师开展思想政治工作的方式多种多样，但学校之间、学院之间的工作范式有很大差别，特别是受到院校专业类别、生源结构以及教育层次的影响。比如，理工类院校更加倾向于项目+、网络+的导师育人范式，师范类院校更倾向于文化+、网络+的育人模式。在不同学校之间、学院之间，很难形成协调统一的工作范式，因而导师育人工作在不同范式下很难从整体上对其工作成效作出科学准确的评价。"有的辅导员认为："导师+思政专任教师、辅导员的协同育人模式在实践中协同程度不足，并未发挥出应有的育人合力。例如，思政教育内容在专业课程体系中体现不明显、导辅间信息沟通不足。"有的研究生认为："当前，学校学院对导师具体如何开展思政育人工作似乎并没有明确规范，同一学院和专业的导师之间的工作方式或模式差异还是较大，有的获得学生喜爱，有的却浮于表面，让人无法适应。"

可见，当前高校导师思政育人工作范式随意性较大，还未进行统一协调的规范。在理想情况下，学校或学院层面应当形成统一的工作范式，将规范与特色结合，在规范之内再赋予学院或导师自由选择具体工作范式的权利，这样方可避免工作力量分散、工作成效评价困难、学生接受度低的问题。

三、工作力量未实现多方合力

作为高校思政工作的重要组成部分，导师思政育人工作从不是片面孤立的工作范畴，它需要联合多主体、多部门协作共同育人。从导师视角对不同层级部门以及人员的协同的满意情况作出评价，也是反映工作协同现状的重要参考。鉴于此，笔者面向S省C市5所目标院校的36名导师对各自学校的研究生院、学工处、校团委、校心理中心等部门以及辅导员、思政教师等人员的协同配合情况进行了问卷调查，问卷设置情况如下。

调查问卷四
——协同育人导师满意度调查

尊敬的导师们：

您好！非常感谢您能在百忙之中填写本问卷，我们的目的在于调查S省C市5所高校研究生导师群体对协同育人工作的评价和满意度。本问卷为匿名填写，其结果只用于分析研究，且会严格为您保密。请您按照题目要求填写，没有特别说明的均为单选题，谢谢合作！

1. 您的性别是
①男　②女
2. 您的类别是
①学术型硕士生导师　②专业型硕士生导师　③学术型博士生导师　④专业型博士生导师
3. 您的专业类型是
①人文社科类　②理科类　③工科类　④医科类　⑤艺体类　⑥其他
4. 您在开展思政育人工作中互动频率最高的学校部门是
①研究生院　②学工处　③校团委　④校心理中心　⑤其他部门
5. 您在开展思政育人工作中接触最多部门合作过的人数有
①1~3人　②4~7人　③8~10人　④10人　⑤其他
6. 您对学校协作部门的满意度打分是
①1分　②2分　③3分　④4分　⑤5分　⑥6分　⑦7分　⑧8分　⑨9分　⑩10分
7. 平时您与辅导员每月沟通学生思想表现情况的次数是
①0~1次　②2~4次　③5~8次　④9次以上
8. 平时您和思政专任老师沟通学生思想表现情况的次数是
①0~1次　②2~4次　③5~8次　④9次以上
9. 您与辅导员、思政专任老师协同开展学生思政工作的频率是
①很少　②一般　③较高　④经常
10. 您与辅导员、思政专任老师协同开展学生思政工作的主要内容有（可多选）
①共享教学资源　②共同解决学生问题　③联合组织思政教育活动　④沟通反馈学生思想道德情况　⑤其他
11. 您对辅导员、思政教师等协同主体工作支持方面满意度打分是
①1分　②2分　③3分　④4分　⑤5分　⑥6分　⑦7分　⑧8分　⑨9分　⑩10分
12. 您对协同部门、主体的工作意见或建议：
_____
_____

问卷填写到此结束，谢谢您的配合！

第二章 现状与挑战：研究生导师思政育人工作的深度剖析

回收的问卷显示，31名受访导师中有21人（占比67.74%）选择了"研究生院"为互动最高频率的学校部门，接触最多部门合作人数达到4人以上的导师人数仅有9人（占比29.03%）。这说明尽管是日常联系较多的部门，学校提供的实际合作支持在数量和人次上仍较少。在对学校协作部门满意度打分方面，中位数为7分，平均分为7.326分（总分10分），最低分和最高分分别为1分和10分，标准差为1.82，说明离散程度低，平均分具有代表意义。从满意度结果可以看出，导师们对于协作部门的满意度较高。

在导师对辅导员每月沟通学生思想表现情况的次数方面，0~1次的11人（占比35.48%），2~4次的17人（占比54.84%），5~8次的3人（占比9.68%），9次以上的0人。导师对思政老师每月沟通学生思想表现情况的次数方面，0~1次的13人（占比41.94%），2~4次的17人（占比54.84%），5~8次的1人（占比3.23%），9次以上的0次。在协同开展思政工作的频率方面，有12人（占比38.71%）表示很少，有17人（占比54.84%）表示一般，有2人（占比6.45%）表示较高。在协同开展学生思政工作的主要内容方面，有9人（占比29.03%）选择了1项内容，有14人（占比45.16%）选择了2项内容，有5人（占比16.13%）选择了3项内容，有3人（占比9.68%）选择了4项内容。在对辅导员、思政老师等协同主体工作支持方面的满意度打分方面，中位数是7分，平均分是6.545。这说明：①导师对辅导员、思政老师每月沟通次数有过半数人在2~4次，总体上两者之间的沟通次数较低；②导师与辅导员、思政老师的互动频率在较少和一般频率的人数占到了93.55%，互动频率并不高；③在协同工作的内容上1~2项内容的占比达74.19%，两者协同内容少及范围窄，对辅导员、思政老师协同支持的满意度偏低。

可得出结论，导师与辅导员、思政老师的沟通次数和互动频率都较低，协同内容也相对较窄。笔者与部分辅导员、研究生院工作人员的随机访谈也印证了该结论。有的辅导员表示："导师日常科研、教学、行政等工作量大，确实与学校教辅部门的联系少。除非学生发生重大心理事件，我们才会联系导师，担心会打扰对方工作。"这说明导师与辅导员、思政老师或其他育人主体的联系少、协作少，还未形成紧密的思政工作共同体，更不用说形成育人工作合力了。

第三节　导师育人现实案例的研究分析

一、导师育人正面案例的研究与经验总结

（一）在"家"中写满奋斗

案例简介：在同济大学，有这样一个团队，他们互相扶持，是一个具有人文关怀的温暖大家庭。他们求真务实、深耕生物材料研究，在高分子囊泡的理论构建和结构设计、医学应用方面取得了显著的成绩。这就是同济大学材料科学与工程学院杜教授团队。

学生王某某清楚地记得第一次和杜教授接触时的情景。联系他的邮件发出的第二天就收到了回信，"长长的邮件，说了很多很多关于科研的内容，还请我去他办公室。"王某某说，"就这样我走进了杜教授的世界，感受他的人文情怀与科研风范。我最害怕的就是每周一次的组会汇报，我惊奇于一个月前汇报的数据杜教授都记得很清楚，要我解释前因后果，每到这种时候，我都会紧张得手心发汗，因为他问了两个问题，我就哑口无言了。这一次次的'折磨'，使我慢慢走上了做学问的道路，也让我在工作中备尝甜头。"王某某的表达，在杜教授的很多弟子口中都曾听到。"硕士阶段有一阵我很迷茫，课题迟迟没有进展，近半年的实验都是以各种失败告终，我一度对科研失去了信心，也对自己产生了怀疑。每次组会，望着失败的数据，我默默低下了头。"萧某某说，"每当这时，杜教授都会在组会后询问我最近的进展，对着我的实验方案提出他的看法和建议，他也会用自己的经历鼓励我从失败中走出来。"经历了漫长的等待，萧某某终于迎来了自己的第一篇发表在《美国化学会志》（*Journal of American Society*，JACS）上的论文，重拾了对科研的信心，也坚定了跟着杜教授读博的决心。采访中，杜教授的学生个个都给人阳光、开朗、积极乐观的印象，说起学习、工作中碰到的困难，他们的回答都很干脆。问起原因，同学们大多回答："在这个大家庭里，大家感觉很安全、很温暖。"

经验总结：在研究生培养过程中，杜教授始终坚持人文关怀与学术道德示范，给科研团队营造出"家"的氛围。他在科研指导上保持严谨严格的态度，但对学生耐心辅导、细心关怀，建立起和谐的导学关系。

（二）以爱育才，立德树人

案例简介：朱教授是中南财经政法大学的一位杰出导师，她不仅在专业领域有着深厚的造诣，更在思政育人方面做出了显著贡献。朱教授在课堂上以其专业素养和个人魅力深深吸引学生，通过生动有趣的教学方式，将复杂晦涩的知识变得通俗易懂。这种教学方式不仅激发了学生的学习兴趣，也为学生树立了良好的学术榜样。她不仅在学业上给予学生悉心指导，还关心学生的生活和成长。时常关注学生的状态，提供学业和生活的双重帮助，让学生感受到温暖和关怀。此外，她坚持定期与学生进行组会交流，讨论未来发展、目标规划等话题，鼓励学生追求自己的兴趣和梦想，做"幸福的普通人"，并在职业规划和人生理想上给予具体建议。朱教授倡导"学就好好学，玩就痛快玩"的生活态度，鼓励学生在紧张的学习之余享受生活。她与学生一起打球、聊天，建立了深厚的师生情谊。朱灵慧教授的思政育人工作取得了显著成效，她的学生不仅在学业上取得了优异成绩，还在生活中学会了如何做人、如何做事。她的教学理念和育人方法得到了广泛认可，成为其他导师学习的榜样。

经验总结：朱教授具有良好的专业素养与个人魅力，她为学生的学业、生活、职业发展、人生理想等方面提供全方位的指导、关怀和帮助，建立起和谐导学关系，以实际行动践行全方位育人理念。

（三）体育育人，思政引领

案例简介：张教授是北京理工大学体育部的一位优秀教师，长期致力于武术教学和体育课程创新。她用心备课、亲自示范每一个动作，悉心指导每一名学生。她的课程深受学生喜爱，教学评分连续多年保持在 95 分以上。她在体育教学中融入思政元素，通过武术文化育人，培养学生的爱国情怀和民族精神。她经常与学生分享武术名家的故事和武术精神的内涵，激发学生的爱国热情和民族自豪感。在生活中，张教授对待学生严慈同体，给予他们无微不至的关怀。她经常邀请学生到家中做客、为学生准备美食等，让学生感受到家的温暖。张教授的思政育人工作取得了显著成效，她的学生不仅在体育方面取得了优异成绩，还在思想品德和综合素质上得到了全面提升。她的教学经验和育人方法得到了广泛推广和应用，为学校的体育教育和思政工作作出了重要贡献。

经验总结：张教授在工作上始终保持着高度责任心，认真对待教学工作，创造性地将思政元素融入专业课教学，在生活中无微不至关怀学生，让学生感受到家的温暖，在潜移默化中完成了立德树人工作。

（四）课程思政，润物无声

案例简介：安教授是北京理工大学生命学院的一位优秀教师，她长期从事"生物化学""生命科学基础"等课程的教学工作。安教授花费大量时间设计每一节课的内容，将知识、理念、思想和文化渗透到教学中。她在课程思政设计中穿插科学家事迹和思政案例，锻炼学生直面问题、剖析问题的能力。她的课程思政设计巧妙且实效显著，多次获得学院课程思政设计大赛一等奖。作为党支部书记的安教授将党建思政工作作为重要工作内容之一。她利用乐学平台设计生物系党支部学习园地，推动党建思政工作与时俱进。同时，她注重德育工作，经常与学生沟通未来发展的方向和目标，认为思想和格局比专业更重要，致力于培养具有远大理想和家国情怀的学生。安教授的思政育人工作取得了显著成效，她的学生在学业和思想品德上都取得了优异成绩。她的教学经验和育人方法得到了广泛认可和推广，为学校的课程思政工作和党建思政工作树立了典范。

经验总结：安教授坚持课程思政与党建思政协同并进育人，立足于学科特色，充分挖掘思政元素，注重党建育人平台建设，注重德育为先。

二、导师育人反面案例的研究与问题反思

（一）导师育人的反面案例

案例一：导师不当压力与辱骂。2023年11月，太原理工大学博士生导师黄某某在课题组内对学生进行了不正当的压力施加，并采用辱骂等方式对待学生。他甚至在课题组内公然质问安徽籍研究生是否代表了所有安徽人的品行，这种极度刻薄和鄙视的态度引起了社会广泛关注。黄某某的行为不仅损害了学生的身心健康，也严重违背了师德规范。尽管他后来调离了太原理工大学，但此事件仍引发了人们对大学导师责任和行为道德的深刻思考。

案例二：导师学术造假。2024年1月16日，华中农业大学11名学生以实名联合举报的方式，举报该校动物营养系教授黄某某存在学术造假行为。举报信采纳了标准的论文格式，除了正文，还涵盖前言、结语和致谢。正文125页，附加文件中详细列出涉及的15篇论文，以及19篇学位论文，其中包括2篇本科、14篇硕士和3篇博士学位论文。所涉及的学位论文的时间集中于2016—2023年，均出自黄某某所指导的学生。2月6日，华中农业大学发布教

师黄某某学术不端等问题调查处理情况。经过调查，确认黄某某存在学术不端行为，学校决定撤销其职务，解除聘用合同，报请对涉及其学术不端的科研论文、科研项目等予以撤稿、撤项；停用其主编的《饲料智能加工生产学》教材。

案例三：导师压榨学生。2024年4月9日，北京邮电大学15名研究生共同举报该校信息与通信工程学院副教授郑某师德失范。举报者称，郑某差遣实验室同学做了许多科研以外的事情，如长期代取大量快递，开车接送其朋友和家人，去其家里打扫卫生，代其网购日常用品、退货，为其女儿做作业，在其女儿参加考试时为其作弊等。此外，举报信还提到研究生工资被截留、频繁开会、休息时间被压缩等。4月10日，北京邮电大学发布通报：郑某未能正确履行研究生导师职责，对学生学业疏于指导；未能做到关心爱护学生，要求学生从事与学习、科研无关事宜；未按学校相关规定给学生发放助研津贴。学校决定取消郑某研究生导师资格，停止其教学工作，给予降低岗位等级行政处分，岗位等级由副教授七级降为讲师十级。

（二）导师育人反面案例的问题反思

近年来，导师育人的反面案例在自媒体时代总是不时曝光，以上案例仅仅是冰山一角，其背后反映的问题既有共性之处也有个性之处。

共性问题是：①导师师德师风失范，学校在导师的日常管理中事前教育和预防工作存在漏洞；②导学关系异化，导学地位不对等，关系雇佣化、利益化、冷漠化，学生权益保护机制和导学选择机制不健全；③导师学业指导监督缺位，特别是在学业指导频率、津贴发放等方面。

个性问题是：导师个人修养问题，学校需要严格导师选拔门槛，转变以往单一评价标准，形成集科研成果、教学成果、师德师风和学生评价等多元指标于一体的评价体系。

第三章　理论支撑：新时代导学思政工作体系构建的理论基础

内容提要：新时代，马克思关于人的全面发展理论、思想政治教育目的论、中国共产党关于青年思想政治教育的相关论述和习近平高校思想政治教育理论等马克思主义教育理论为导学思政工作体系构筑了坚实的理论支撑。当前，随着"大思政"育人理念、"协同育人"理念与导学思政工作深度融合，国内外高校育人工作在以隐性教育推动显性教育成果转化、建立平等和谐导学交互关系、调动多主体育人工作合力、打造多维立体育人网络等方面的经验启示，为导学思政工作体系的构建提供了理论思路，让其工作体系的构建不再是空中楼阁。

第一节　马克思主义教育理论对导学思政工作的支撑

一、马克思关于人的全面发展理论

（一）马克思主义关于人的全面发展理论的主要内容

人以及人类社会的发展一直是古今圣贤孜孜不倦研究和探索的课题，马克思基于剩余价值理论与历史唯物主义的发现而形成了人的全面发展理论，成为众多理论学说中最耀眼的明星。[①] 马克思关于人的全面发展理论经历了初步探索—逐渐形成—成熟完善三个阶段，时间跨度30余年。1835年，马克思在其

---

① 赵冬会. 马克思人的全面发展理论及其当代启示研究［D］. 大连：辽宁师范大学，2023.

中学毕业论文《青年在选择职业时的考虑》中，首次开启了对人的全面发展和人类幸福的思考；1848 年，随着《共产党宣言》对马克思主义理论进行系统的阐述，该理论基本形成；1863—1865 年，《资本论》的剩余价值学说将人的全面发展问题进行了科学论证，标志着马克思关于人的全面发展理论正式成熟完善。

马克思指出："取得各方面完整发展的人应实现人的本质的全面发展，而人的本质在其现实性上，它是一切社会关系的总和。"① 这科学地揭示出人的本质内在地包含着人与自然、人与社会、人与自身三者之间关系。同时，他指出要实现人的全面发展必须从人的本质出发，并进一步剖析出其主要内容，即处理人与自然的关系时聚焦人的能力全面发展、处理人与自身关系时关注个性与需要的全面发展、处理人与社会关系时注意社会关系的全面发展。

1. 聚焦人的能力素质全面发展

马克思指出："劳动首先是人和自然之间的过程，是人以自身的活动来中介、调整和控制人和自然之间的物质变换的过程。"② 人通过劳动从自然界获得物质生活资料，满足自身生存发展需要，这需要人主动顺应和改造自然。然而，人的劳动能力是决定自然改造和物质变换效率的重要变量，是维持着人生存与发展的先决条件。因此，马克思认为，在处理人与自然关系时，聚焦人的能力素质全面发展就是实现提升适应和改造自然能力的第一要务。从另一个角度看，在追求能力素质全面发展过程中，人发展出的独特能力或者突出能力，彰显出自身独特性和唯一性。同时，随着人能力素质的提高，人的活动领域也会相应扩大，进一步会为人的主观能动性和创造性发展创造条件，又进一步推动人的能力提升和活动范围扩大，使得人的发展发生质变。人的能力素质全面发展，具体包括学习能力、社交能力、组织管理能力、科研能力、表达能力、逻辑思维能力、自我管理能力、身体素质、心理素质、认知素质等方面的发展。这些能力素质不是单一、孤立的，其内在地呈现出结构性和协调性。但是人的能力素质发展始终受到社会和个人生产力的制约和影响，若个人生产效率高且享有大量物质资料，那么他就有更多时间培养和提升个人其他能力素质；反之，整日为了生存而疲于奔命的个人要实现能力素质全面发展则只能是空

---

① 中共中央马克思恩格斯列宁斯大林编译局. 马克思恩格斯选集：第 1 卷 [M]. 北京：人民出版社，2012.
② 中共中央马克思恩格斯列宁斯大林编译局. 马克思恩格斯选集：第 2 卷 [M]. 北京：人民出版社，2012.

谈。此外，马克思认为，体力劳动和智力劳动相结合的人才是全面发展的人。这要求人在能力素质发展过程中注重实践能力与认知水平的协调发展和提升。

需要注意的是，马克思所说的"全面发展"是一个相对的概念。同时，他也并不是鼓吹人在个人能力素质在全面发展之后，就可以解决所有的生存、发展问题。一方面是因为个人能力素质发展在现实生活中要受到个人生理条件、个性特质、自然条件、社会条件等主客观因素制约，人的全面发展实际上只可能是在某一方面或专业领域，并不可能"面面俱到"或者"无所不能"；另一方面，人的生存发展同样要受到自然条件、社会条件和生产力发展的局限影响，人的能力素质因素也仅是诸多变量之一。

2. 关注人的个性与需要的全面发展

在处理人与自身关系时，马克思运用概念的方式确立起人自身内在结构及人自身实现的动力机制，运用辩证法将人自身的发展与实现贯穿于精神、自然、社会、历史等领域，完成了对于人自身实现的完整思想体系建构。[1] 在人的自身内在结构中，人的个性特质是个体之间区别的重要标志，也反映了个体的独特性与社会认可度。所谓人的个性特质，主要是指：①个人意向性特征，包括人的价值观、兴趣爱好、个人倾向等；②个人心理特征，包括气质、性格和能力等；[2] ③个人社会性特征，包括个人道德素质、生活习惯、社交能力、社会角色等。然而，人的个性特质在社会生产中产生并得到打磨，受到特定阶段社会阶级关系的决定和限制。

需要是人类从事生产实践活动最原始的动力和出发点。正是基于需要的内在推动，人类不断创新和升级劳动技能和生产工具，使得社会生产力不断飞跃。在需要、满足需要、新需要的循环动态过程中，人不断突破客观条件的限制，不断激发新的需要和实践动机，不断满足和发展，进而实现人的全面发展。这个过程是由人的本质的、内在的规定性所决定的。在此意义上，个人需要不仅是个人全面发展的动力，也是推动社会生产技术革新、社会不断向前发展的力量。同时，马克思认为，人的需要大致要经历三个阶段：生存需要—发展需要—精神需要，并始终受到社会生产关系和生产力水平的决定和限制。因此，个人要想追求更高层次的需要和满足，只有将个人的需要和国家、社会发

---

[1] 高斯扬. 马克思人自身实现思想研究 [D]. 沈阳：辽宁大学，2014.
[2] 曹恒刚. 马克思主义人的全面发展理论与大学生思想政治教育研究 [D]. 合肥：安徽农业大学，2013.

展的需要结合，个人才能获得永不衰竭的动力，拥有广阔的机遇和客观条件，进而达到最大限度的自我实现。

3. 重视人的社会关系全面发展

社会关系是指人作为社会存在物，在与他人进行交往实践中所形成的各种各样的关系，包括基于生产实践而形成的经济关系和与之相适应所产生的政治关系、文化关系、法律关系、宗教关系等。[1]

马克思认为，人与人之间的普遍交往使得人的社会关系普遍存在和丰富多样，这些社会关系又推动了社会分工和社会交换，促进了人更高阶段发展。因此，他认为，个人全面发展需要将丰富的社会关系作为其发展的内在规定性，实现了人的社会关系的全面发展才是真正的人的全面发展。这表明每个人不能脱离社会关系而独立发展，只有在社会关系的交互过程中构建、适应、遵循、妥善处理、发展各类关系类型，才能获得真正的全面发展。虽然在人的社会关系中各类关系交织、繁杂，但每个人的生存发展过程中都需要妥善处理人际交往关系、遵守法律行为关系、适应文化关系；否则，一个人连最基本的交际、表达、行动的自由和能力都不具备，更不用谈全面发展的问题。因此，一个人要实现更好的发展，必须掌握基本的人际交往能力、文化适应能力和法律知识。

（二）马克思主义关于人的全面发展理论对研究生导学思政工作的意义

作为马克思主义的最高理想，追求人的全面发展是人类永恒的价值追求。虽然这一追求过程永无止境且绝非一蹴而就，但马克思主义关于人的全面发展理论对国家、社会、个人的发展具有重要的理论价值和现实指导意义。特别是该理论对人的内在结构的科学剖析，为我们详细展现了什么是人的全面发展以及怎么实现人的全面发展。

1. 为研究生导学思政工作提供理论支撑

结合马克思主义关于人的全面发展理论，需要、满足需要、新需要的循环动态过程解释了个人和社会发展的一般规律。随着对自身内外关系的认知成熟和主体意识的不断觉醒，研究生的成长成才不是无序的、没有规律的发展，同

---

[1] 赵冬会. 马克思人的全面发展理论及其当代启示研究 [D]. 大连：辽宁师范大学，2023.

样内在地规定在马克思主义关于人的全面发展理论范畴。例如，为满足生存需要，研究生需掌握基本的工作技能、生活技能、社交技能等能力素质；为满足发展需要，研究生需掌握更高层次的能力素质，同时关注自身个性的培养与修正；为满足精神需要，研究生需全面认识并正确处理好各类社会关系，如人际交往关系、法律行为关系、个人宗教信仰关系、文化融合与冲突的关系等。

此外，马克思在历史唯物主义的基础上结合剩余价值学说，也深层次地揭示出社会生产关系或物质生产资料所有制对人的发展所具有的促进和抑制作用。他认为，只有消灭剥削性质的物质生产资料私有制以及旧的分工，才能真正为人的全面发展奠定社会基础。可以说，在西方关于"人的发展"的众多理论学说之中，马克思围绕人与自然、人与社会、人与自身对人的发展进行全方位、科学的揭示和阐述，使得该理论具有很强的说服力和普世价值。对研究生培养塑造而言，只有运用马克思主义关于人的全面发展理论，才能全面准确地解释和回答研究生怎样立德树人的问题，它为导学思政工作的开展和研究提供了最坚实的理论支撑和基础。

2. 为研究生自我发展指明发展方向

马克思科学揭示了人的全面发展需要从人与自然、人与社会、人与自身三个层面入手，提升个人劳动能力素质以提高在自然生存的能力，关注自身个性与需要的发展以彰显自身的独特性与推动自我发展，适应、处理、发展各类社会关系以提高社会适应能力。"三个层面的全面发展"为研究生的自我发展指明了发展方向，研究生可以此理论为根据进行有针对性的培养和锻炼。

在提升劳动能力素质上，研究生首先要专注自身专业技术能力提升，打牢专业知识理论基础，不断提高教学、科研、解决实际问题的能力；其次要重视工作技能拓展，如熟练使用办公软件、掌握一门以上的外语技能、考取相应的职业资格证书、培养自身独立完成工作的能力等；最后要在学有余力情况下重视学科交叉、专业复合能力的横向拓展，如金融类专业研究生可以横向掌握法律专业基础知识，法学类专业研究生可以横向掌握会计、税务等专业基础知识等。在关注自身个性与需要发展上，研究生一是要注意个人意向性特征的正确与否，特别是注意自身价值观、个人喜好是否正确并及时寻求纠正；二是要注意个人心理特征的健康与否，时刻自省自查自身的性格、心理情况；三是要注意个人社会特征健全与否，重视自身的道德素质和生活习惯培养。在处理自身社会关系上，研究生一方面需要树立与人为善、讲信修睦的理念，与老师、同学和同事保持团结友爱的社交关系；另一方面，不断调节自身认识和社交能力，提高社会适应能力。当然，马克思主义关于人的全面发展理论对个人全面发展所包含的意蕴远不止于此，研究生可以此为指导并在此范畴内进行个性化的发展。

二、思想政治教育目的论

在教学过程中，思想政治教育目的具有指导和调控作用，是达成教育预期效果的基本前提。确定思想政治教育目的的主要依据有两方面：其一，社会发展的客观要求及其发展水平。首先，生产力发展水平对思想政治教育目的的确立起着基础性作用。其次，一定的社会关系对思想政治教育起着决定性影响。最后，中国共产党的奋斗目标影响着思想政治教育目的的确立。其二，教育对象精神发展的需求及思想实际的影响。"思想政治教育是培养人的社会实践活动"[1]，思想政治教育目的的确立，首先要尊重和了解育人客体的需求，有针对性地开展教育工作。其次，要考虑育人客体的思想品德的实际状况，在确定教育目的时要考虑到育人客体的接受可能性。

思想政治教育目的的确定具有多方面的意义。首先，为教育活动指明了方向。思想政治教育根本目的从整体上决定了教育活动的共产主义方向。其次，为思想政治教育活动提供动力。对于教育主体来说，目标就是任务，可以调动育人主体的工作积极性。对育人客体而言，教育目的是其奋斗目标，对育人客体起了激励和引导作用。最后，为教育活动成效提供评判依据。教育活动的开展最终是为了达到所设定的教育目的，提前设定好教育目的，有助于衡量思想政治教育工作是否有成效。

思想政治教育目的可以有不同维度的划分。首先，可以分为根本目的和具体目的。我国思想政治教育的根本目的是"促进人的自由全面发展"[2]，思想政治教育的具体目的是根本目标在不同阶段的展开。其次，按照教育对象划分，可以分为社会目标、群体目标和个体目标。社会目标起着主导和支配作用，个体目标和群体目标是社会目标形成的基础。最后，按目标的完成时间划分，可以分为长期、中期、近期目标。中期和近期目标的达成需要长期目标的指引，中期目标起着桥梁纽带作用，近期目标则是长期和中期目标实现的基

---

[1] 陈万柏，张耀灿. 思想政治教育学原理 [M]. 北京：高等教育出版社，2015.
[2] 中共中央马克思恩格斯列宁斯大林编译局. 马克思恩格斯选集：第1卷 [M]. 北京：人民出版社，2012.

础。总的来说，在不同的历史时期，思想政治教育的目标会随之变化。新时代，我国思想政治教育目标是"培养德智体美劳全面发展的社会主义建设者和接班人"①。

三、中国共产党关于青年思想政治教育的相关论述

（一）新民主主义革命时期关于青年思想政治教育的相关论述

从1921年7月中国共产党成立到1949年10月新中国成立，这段时期为新民主主义革命时期。中国共产党自成立以来就面临着争取民族独立和人民解放的历史重任。中国共产党在成立之初，就提出了思想政治教育工作是一切经济工作的"生命线"②，这将思想政治教育放在了更加重要的位置上。党的一大提出了要坚持思想政治教育的党性原则，《中国共产党第一个纲领》明确规定了党对宣传工作的绝对领导。③ 这一时期，青年思想政治教育的目标是培养一批救国图存、敢于牺牲的革命性青年。毛泽东指出："没有知识分子的参加，革命的胜利是不可能的。"④ 这一时期，通过宣传马克思主义、开展青年运动等方式，对青年进行思想政治教育，激发广大青年的革命热情。

（二）社会主义革命和建设时期关于青年思想政治教育的相关论述

自新中国成立之后，中国共产党的工作重心是带领全国人民投入到社会主义革命和建设当中。《中华人民共和国高等教育章程（草案）》提出，培养具有一定马克思列宁主义水平、实际工作所必需的基本知识，掌握科学和技术的最新成就和理论联系实际的能力，并且身体健康、忠实祖国、忠实于社会主义事业和准备随时保卫祖国的高级人才。这一论述规定了我国高校的基本任务。我国的教育旨在让青年在德、智、体、美、劳各方面全面发展，使他们成为高素质、有文化、肯奉献的社会主义劳动者。1961年《教育部直属高等学校暂行工作条例（草案）》对我国高校思想政治教育的内容、目标和任务作出了明确规定，这是我国高校思想政治教育制度化的标志性结果。

---

① 习近平. 在全国教育大会上的讲话 [N]. 人民日报，2018-09-10 (01).
② 毛泽东文选：第6卷 [M]. 北京：人民出版社，1999.
③ 中共中央文件选集：第1册 [M]. 北京：中共中央党校出版社，1989.
④ 毛泽东选集：第2卷 [M]. 北京：人民出版社，1991.

第三章　理论支撑：新时代导学思政工作体系构建的理论基础

（三）改革开放和社会主义现代化建设新时期关于青年思想政治教育的相关论述

新时代，我们正全力塑造着兼具远大理想、渊博学识、高尚品德与严明纪律的"新时代四有青年"，这是对新时代青年成长的宏伟愿景和精准定位。习近平总书记以其卓越的战略眼光，从全球视野的广度、时代脉搏的敏锐感知以及科技浪潮的汹涌澎湃中，引领我国教育体系积极拥抱世界，勇于变革，深度融合现代科技与文化的精髓，为青年铺设了一条通往梦想与辉煌未来的光明大道。

1996年，江泽民同志以他深邃的思考和温暖的关怀，为思想政治教育在各级教育体系中的核心地位奠定了坚实的基础。他指出："思想政治教育，在各级各类学校都要摆在重要地位，任何时候都不能放松和削弱。"[1] 他的教诲如同璀璨星辰，照亮了青少年在知识海洋中探索前行的道路，提醒他们在追求知识的同时，必须坚固思想道德的堤坝，让这一精神支柱成为抵御任何风浪的坚固盾牌。这份教诲，如同春雨般细腻入微，滋养了一代又一代青年学子的心田，让他们在成长的道路上更加坚定和自信。

2005年，胡锦涛同志在深化大学生思想政治教育的关键时刻，发出了响亮的号召。他提出："要使大学生成长为中国特色社会主义事业的合格建设者和可靠接班人。"[2] 他期望每一位大学生都能成为中国特色社会主义事业的坚实基石和可靠接班人，这不仅是对青年学生的深切期望，更是对国家未来发展蓝图的深远谋划。青年，作为国家的栋梁、民族的未来，他们的全面发展，特别是科学文化素质与道德品质的同步提升，成为我们这个时代最紧迫的任务和最重要的使命。

如今，我们站在新的历史起点上，更加坚定地秉持"育人为本、德育为先"的教育理念，将"立德树人"作为教育工作的核心和灵魂。我们深知，教育的本质是点燃心灵的火焰，不仅要传授知识技能，更要培养青年的社会责任感、家国情怀和全球视野。通过丰富多彩的实践活动、深入浅出的理论学习以及贴近生活的道德教育，我们努力为青年搭建起成长的舞台，让他们在仰望星空的同时，也能脚踏实地，勇于担当，不断锤炼自己的意志和能力。

从"三个面向"的宏伟蓝图到"新时代四有青年"的生动实践，从"思想

---

[1]　十五大以来重要文献选编（中）[M]．北京：人民出版社，2001．
[2]　十六大以来重要文献选编（中）[M]．北京：中央文献出版社，2006．

政治教育"的基石构建到"立德树人"的核心理念,这一系列教育理念的演进,不仅准确反映了教育发展的时代趋势,更深刻揭示了青年成长的内在规律。我们坚信,在这一系列先进教育理念的指引下,新时代的青年定能不负韶华、不负时代,以更加昂扬的姿态和更加坚实的步伐,为实现中华民族伟大复兴的中国梦贡献自己的青春与智慧。

(四)中国特色社会主义新时代关于青年思想政治教育的相关论述

党的十八大以来,以习近平同志为核心的党中央高度重视高校思想政治工作,对青年群体的成长和发展寄予了厚望。习近平总书记多次强调青年群体在党和国家事业发展中的重要性,并提出了一系列关于青年思想政治教育的论述,这些论述构成了新时代背景下加强和改进青年思想政治教育的行动指南。以下是对这些论述的详细归纳。

1. 青年群体的重要性

习近平总书记指出:"青年一代有理想、有本领、有担当,国家就有前途,民族就有希望。"[①] 这一论述深刻揭示了青年群体在国家和民族发展中的重要地位和作用。

2. 对青年的要求

(1)思想道德修养:习近平总书记强调青年要具备崇高的思想道德修养,这是成为社会主义建设者和接班人的重要基础。他要求青年树立正确的世界观、人生观、价值观,坚定共产主义远大理想和中国特色社会主义共同理想。

(2)理想信念:坚定的理想信念是青年成长成才的精神支柱。习近平总书记多次强调青年要坚定理想信念,不为任何风险所惧,不为任何干扰所惑。他指出,青年要自觉用习近平新时代中国特色社会主义思想武装头脑,增强"四个自信",做到"两个维护"。

(3)爱国主义情怀:深厚的爱国主义情怀是青年必备的情感品质。习近平总书记要求青年要厚植爱国主义情怀,把爱国情、强国志、报国行自觉融入坚持和发展中国特色社会主义事业、建设社会主义现代化强国、实现中华民族伟

---

① 范政锟. 新时代大学生社会责任教育策略研究 [D]. 天津:河北工业大学,2019.

大复兴的奋斗之中。①

3. 加强和改进青年思想政治教育的具体应答

（1）加强理论武装，是推动青年学生树立正确世界观、人生观、价值观的关键。习近平新时代中国特色社会主义思想，是我们党在新时代的指导思想，必须让这一思想深深扎根在青年学生的心中。通过进教材、进课堂、进头脑，我们可以让青年学生更加系统地学习这一思想，深刻领悟其丰富内涵、核心要义和实践要求，从而为他们的人生道路提供坚实的思想基础。

（2）创新教学方法，是提升思政课吸引力和感染力的有效途径。案例式、探究式、体验式、互动式等教学方式，可以让学生更加主动地参与到课堂中来，激发他们的学习兴趣和热情；同时，推动信息技术与教育教学的深度融合，打造智慧课堂、数字课堂等新型教学平台，更是可以让我们的教学更加生动、形象、直观，让学生在轻松愉快的氛围中接受思政教育。

（3）强化实践教育，是培养青年学生实践能力和社会责任感的重要环节。通过组织青年学生参加社会实践、志愿服务等活动，我们可以让他们在实践中增长才干、锤炼品德，更加深入地了解社会、认识国情、服务人民；同时，推动"大思政课"建设，将思政小课堂与社会大课堂有机结合起来，可以拓宽青年学生的视野和思路，让他们更加全面地认识世界、认识自己。

（4）加强教师队伍建设，是办好思政课的重要保障。习近平总书记强调办好思政课关键在教师，这充分说明了思政课教师在思政教育中的重要地位和作用。我们要建设一支政治素质过硬、业务能力精湛、育人水平高超的思政课教师队伍，加强对他们的培养培训和管理考核，提高他们的思想政治素质和教育教学能力，让他们成为青年学生健康成长的引路人和指导者。

（5）构建协同育人格局，是形成思政教育强大合力的必然要求。我们要推动学校、家庭、社会共同参与青年思想政治教育工作，形成协同育人的强大合力；同时，加强与社会各界的联系与合作，为青年学生提供更多更好的实践机会和成长平台，让他们在实践中锻炼成长、实现自我价值。

党的十八大以来，党中央对高校思想政治工作和青年群体的成长发展给予了前所未有的重视。这不仅体现在各种政策文件的出台上，更体现在习近平总书记关于青年思想政治教育的系列重要论述中。这些论述深刻阐明了新时代青年思想政治工作的地位作用、目标任务、职责使命和实践要求，为我们在新时

---

① 刘双. 新时代大学生爱国主义情怀日常培育研究［D］. 南昌：南昌航空大学，2021.

代加强和改进青年思想政治工作提供了根本遵循和行动指南。

四、习近平高校思想政治教育理论

习近平高校思想政治教育重要论述是一个立意高远、内涵丰富、逻辑严谨的科学理论体系。有研究者对习近平高校思想政治教育重要论述的内容进行了系统梳理，用地位论、规律论、指向论、队伍论、载体论、领导论六大论域对此进行阐释。① 新时代，习近平高校思想政治教育规律的重要论述，为高校思想政治教育破解实践难题、实现高质量发展提供了重要依据。他强调"做好高校思想政治工作，要因事而化、因时而进、因势而新。要遵循思想政治工作规律，遵循教书育人规律，遵循学生成长规律，不断提高工作能力和水平"②。这是对新时代高校思想政治教育本质要求的深刻揭示，以遵循高等教育发展规律为总体要求，包含了思想政治工作规律、教书育人规律、学生成长成才规律的遵循，是新时代开展好高校思想政治工作的科学指南。

（一）遵循高等教育发展规律

教育是国之大计、党之大计。习近平总书记指出："我国有独特的历史、独特的文化、独特的国情，决定了我国必须走自己的高等教育发展道路。"高等教育发展规律是指导高校思想政治教育工作的科学指南，新时代要想开展好高校思想政治教育工作，就必须遵循高等教育发展规律。

1. 遵循高等教育坚持独立自主育人立场的规律

坚持独立自主，这既是立党立国、兴党兴国的根本，也是高等教育发展的基本立场。进入新时代，只有扎根中国大地走独立自主的道路，才能办好中国特色社会主义高校、培育中国人才。我国的高等教育是社会主义国家的高等教育，培育和弘扬社会主义核心价值观是高校思想政治教育的重要内容。习近平总书记在谈到对大学生进行思想政治教育时强调，大学生的价值取向决定了未来整个社会的价值取向。高校思想政治教育要把社会主义核心价值观教育融入办学立校、育人育才全过程，使社会主义核心价值观服务于时代新人的培育，从而为办好中国特色社会主义高校，坚持高校思想政治教育独立自主的基本育

---

① 陈曦. 习近平高校思想政治教育重要论述研究［D］. 大连：大连海事大学，2023.
② 习近平. 习近平谈治国理政：第二卷［M］. 北京：外文出版社，2017.

人立场打好人才基础，把好人才培养方向。

2. 遵循高等教育一以贯之重视人才培养的规律

培养什么人，是教育要明确回答的问题。我国高等教育对人才培养的重视始终如一，对卓越人才的渴求始终迫切。习近平总书记始终倡导高校思想政治教育在人才培养过程中要协调教育主体与客体的发展，在全国教育大会上提出实现学生发展的"六个目标"；倡导高校思想政治教育要加强师生协调联动，学生要积极配合，教师要做好示范引导，使高校师生都要自觉主动积极作为。高校思想政治教育在落实立德树人根本任务的过程中承担着高校师生思想道德建设的重要职能，只有遵循高等教育发展规律，一以贯之地重视人才培养，高校思想政治教育才能发挥培养党和国家需要的德才兼备、德智体美劳全面发展的有用人才的基础作用。

3. 遵循高等教育坚持开拓创新的规律

坚持开拓创新是中国共产党能够历经磨难却无往而不胜的力量源泉，是中国高等教育发展的力量源泉。习近平总书记指出，创新是改革开放的生命。新时代，我国高等教育聚焦突破深层次体制机制障碍，通过开拓新思路、新方法，努力加强高等教育创新发展。思想政治教育作为人才培养的关键环节，需要遵循高等教育发展规律，结合大学生思想变化的特点，在理论深化和实践创新的相互作用下实现人才培养的创新发展，从而为实现自身发展提供力量源泉和保障。

（二）遵循思想政治工作规律

高校思想政治教育是立足高校发展实际，以大学生为主要教育对象开展的一系列教育和实践活动，是新时代高校思想政治工作的核心内容，因而在实际工作中同样需要遵循思想政治工作规律，这与高校思想政治工作的规律遵循具有一致性。把思想政治工作提到规律层面，就是要强化科学理论对高校思想政治教育的指导，推进高校思想政治教育科学化发展，增强高校思想政治教育育人实效。

1. 注重把握将思想政治工作贯穿教育教学全过程的规律

习近平总书记指出，高校立身之本在于立德树人，牢牢把握育人为本、德育为先的要求，把思想政治工作贯穿教育教学全过程。高校作为培养高素质人才的重要基地，其根本任务在于培养德智体美劳全面发展的社会主义建设者和接班人。在这一过程中，德育占据首要地位，是高校教育的灵魂和核心，思想政治工作必须贯穿于教育教学的全过程。这要求高校在传授知识、培养能力的同时，注重学生的思想品德教育和价值观塑造。

思想政治工作的本质是做人的工作。做好高校思想政治教育工作，不能脱离学生的实际生活和思想状况，必须深入学生思想背后的实践，了解他们的需求、困惑和期望，遵循思想政治工作规律，将思想政治教育与学生的实际生活紧密结合起来；同时，要针对学生的不同特点和需求，提供个性化的指导和帮助；要注重实效性，确保思想政治教育工作能够真正为学生答疑解惑，争取到学生的信任和支持。

增强思想政治教育实效性，必须遵循思想政治教育工作的一般规律和特殊规律。这要求我们在实践中不断探索和总结思想政治教育的有效方法和途径，确保教育工作的科学性和有效性。高校要不断加强对思想政治教育的关注和开展，进一步增加思想政治教育的亲和力和感染力。这要求教育者注重与学生的情感交流，关注学生的内心世界，以更加贴近学生实际的方式开展思想政治教育工作。

高校思想政治教育需要遵守"三因"理论，具体来讲：①要因事而化，具体问题具体分析，不能一刀切；教育者应当具备敏锐的问题意识和解决问题的能力，能够根据学生的实际情况和具体需求提供个性化的指导和帮助。②要因时而进，随着时代的发展而发展；教育者应当关注社会发展和时代变迁，及时更新教育内容和方式，确保思想政治教育工作能够与时俱进、与学生共同成长。③要因势而新，根据形势的发展变化不断改革创新，教育者应当具备创新意识和创新能力，能够不断探索新的教育方法和途径，以适应不断变化的社会形势和学生需求。

2. 注重加强科学理论指导的规律

习近平总书记强调高校思想政治教育必须发挥立德树人作用，遵循思想政治工作规律，坚持科学理论的指导引领作用，把加强马克思主义学习研究宣传作为重要职责，引导师生树立正确的世界观、人生观、价值观。一要遵循规律，科学引领。高校思想政治教育必须遵循思想政治工作规律、教书育人规律和学生成长规律。这意味着要在科学理论的指导下，创新方式方法，提高思想政治教育的针对性和实效性。特别是要加强马克思主义学习研究宣传，将其作为思想政治教育的灵魂和主线，用科学的理论武装学生头脑。二要把握方向，主导权在手。高校要牢牢把握正确的办学方向和舆论导向,确保高校思想政治教育始终沿着社会主义方向前进。这要求高校党委切实担负起政治责任和领导责任,加强对思想政治教育的统筹规划和指导协调,确保思想政治教育的主导权牢牢掌握在党的手中。三要挖掘资源,人文关怀。新时代高校思想政治教育要注重政治高度、思想深度和人文关怀的有机结合。要深入挖掘中华优秀传统文化、革命文化和社会主义先进文化中的思想政治教育资源,通过生动鲜活的案例和感人至深的故事,增强思想政治教育的感染力和说服力;同时,要关注学生的心理健康和成长需求,提供个性化、精准化的教育服务。四要发展理论,创新话语。中国特色社会主义理论体系是不断发展的开放的理论体系,它为高校思想政治教育提供了坚实的理论支撑和丰富的话语资源。高校要紧跟时代步伐,不断用发展着的马克思主义指导实践、推动工作;同时,要创新思想政治教育的话语体系,用学生听得懂、能接受的语言和方式讲述中国故事、传播中国声音。五要深化认识,感受真理力量。高校作为宣传和运用马克思主义理论的主阵地,要与时俱进地深化学生对马克思主义、中国特色社会主义历史必然性和科学真理性的认识。通过丰富多彩的思想政治教育活动和实践教学环节,让学生亲身感受马克思主义真理的巨大力量,坚定他们的理想信念和价值追求。

(三)遵循教书育人规律

教书育人是高校工作的核心使命,而思想政治教育工作是其中的重要组成部分,必须紧密服务于这一中心任务,并遵循教书育人的规律。习近平总书记强调"传道者自己首先要明道、信道",这一重要论述深刻揭示了高校思想政治教育工作者的基本素质和职责要求。

1. 注重打造专业教书育人队伍

习近平总书记强调,要提升教师教书育人能力素质,增强学生文明素养、社会责任意识、实践本领。教师的能力素质直接影响到教书育人的效果。高校应当重视教师的专业发展,通过培训、研修、学术交流等方式,不断提升教师的教育教学能力、科学研究能力和社会服务能力;同时,教师自身也应树立终身学习的理念,不断更新知识结构,提升专业素养,以更好地履行教书育人的职责。在高校思想政治教育过程中,教师因其专业素质和职业角色而具有主导性作用。他们不仅是知识的传授者,更是学生思想成长的引路人。因此,做好教师思想政治教育工作,打造一支高素质、专业化的育人队伍,是开展学生思想政治教育的基本前提。

实现"经师"与"人师"的统一，这是对高校教师提出的最基本要求。高校教师应努力成为既精通专业知识、做好"经师"，又涵养德行、成为"人师"的统一者。他们不仅要传授给学生专业知识和技能，更要引导学生树立正确的价值观和人生观，关注学生的全面发展和健康成长。在课堂上，教师应主动担当起学生健康成长指导者和引路人的责任，将价值塑造、知识传授和能力培养融为一体，实现"德育"与"智育"的有机融合。"以人格魅力呵护学生心灵，以学术造诣开启学生智慧"，这是对高校教师提出的更高要求。教师不仅要具备深厚的学术功底和严谨的教学态度，更要以高尚的人格魅力和良好的师德师风影响学生。他们应以身作则，用自己的言行举止为学生树立榜样，用真诚和关爱呵护学生的心灵，用智慧和启迪开启学生的智慧之门。

（1）以师德师风建设为核心。将提高教师思想政治素质和职业道德水平作为首要任务，是确保教师队伍质量的关键。师德底线红线的划定，不仅是对教师行为的约束，更是对教师职业操守的明确要求。强化师德监督、考评和惩戒力度，能够有效防止和纠正教师失德失范行为，维护教师队伍的良好形象。发掘师德典型、讲好师德故事、弘扬师德楷模，是树立正面典型、传递正能量的重要方式。通过表彰先进、学习榜样，可以激发广大教师的职业荣誉感和使命感，孕育良好的师风、校风、教风和学风。

（2）贯穿教师成长发展全过程。教师思想政治教育不应仅限于某一阶段或某一环节，而应贯穿于教师成长发展的全过程。从职前培养到职后发展，从入职到晋职晋升，思想政治教育都应发挥引领作用。这有助于教师在不同阶段都能保持正确的政治方向和坚定的理想信念；同时，将思想政治教育融入教师的教学、科研、指导学生、服务社会等各个环节，可以促进教师的全面发展。教学科研是教师的核心工作，将思想政治教育融入其中，可以使教师在传授知识的同时，也传递正确的价值观和世界观。指导学生和服务社会则是教师社会责任的体现，通过思想政治教育，教师可以更好地履行这些责任。

（3）突出重点主题和对象。在教育主题上，应紧跟时代步伐，组织具有时代感、特色鲜明的主题教育活动。这些活动应围绕理想信念、形势政策、党情国情社情民情、职业道德和学术规范、育德意识和育德能力等重点主题展开，以增强教育的针对性和实效性。在教育对象上，青年教师作为教师队伍的重要组成部分，其思想政治教育尤为重要。通过建立制度化机制、注重人文关怀和心理疏导、主动走进青年教师群体等方式，可以提升青年教师思想政治教育工作的亲和力和感染力；同时，还应关注青年教师的成长需求和职业发展，为他们提供更多的支持和帮助。

2. 遵循师德师风建设"四个相统一"的规律

"要加强师德师风建设，坚持教书和育人相统一，坚持言传和身教相统一，坚持潜心问道和关注社会相统一，坚持学术自由和学术规范相统一，引导广大教师以德立身、以德立学、以德施教。"习近平总书记的这一重要论述，为高校教师思政教育指明了工作目标和具体路径。加强对教师师德师风的建设，增强了高校思想政治教育的实效性，适应新时代对人才培养的需要。

（1）加强师德师风建设，提升教师整体素质。师德师风是教师职业的灵魂，是教师职业行为的规范和准则。加强师德师风建设，就是要引导广大教师树立正确的教育观、职业观和人才观，不断提高自身的思想政治素质和职业道德水平。通过建立健全师德师风建设长效机制，强化师德监督和考核，加大对失德失范行为的惩戒力度，同时发掘和宣传师德典型，弘扬正能量，营造风清气正的育人环境。

（2）坚持教书和育人相统一，培养高素质人才。教书和育人是教师的两大基本职责，二者相辅相成、不可分割。高校教师要在传授专业知识的同时，注重对学生思想品德、道德情操、人格魅力等方面的培养和塑造。通过课堂教学、课外活动、社会实践等多种形式，引导学生树立正确的世界观、人生观和价值观，培养他们的社会责任感、创新精神和实践能力；同时，教师要以身作则、率先垂范，用自己的言行举止为学生树立榜样，做到言传与身教相统一。

（3）潜心问道与关注社会相统一，履行使命职责。高校教师要把自身职业发展同国家前途命运紧密相连，既要潜心钻研学术、追求真理，又要关注社会现实、服务国家发展。通过加强学术研究、提升学术造诣，为国家和社会提供智力支持和人才保障；同时，积极参与社会实践、服务地方经济发展，用自己的专业知识和技能为社会作出贡献。在这个过程中，教师要引导学生关注社会、了解国情、增强社会责任感和使命感，为培养担当民族复兴大任的时代新人贡献力量。

（4）坚持学术自由和学术规范相统一，营造良好学术氛围。学术自由是学术创新的重要保障，而学术规范则是学术研究的底线和准则。高校教师要在享受学术自由的同时，严格遵守学术规范、恪守学术道德。通过加强学术诚信教育、建立健全学术评价体系和奖惩机制等措施，营造风清气正的学术环境；同时，教师要具备国际视野和开放心态，积极参与国际学术交流与合作，不断提升自己的学术水平和国际影响力。在这个过程中，教师要引导学生树立正确的学术观念、培养良好的学术习惯、掌握科学的学术方法，为未来的学术生涯打下坚实的基础。

（四）遵循学生成长成才规律

习近平总书记指出，大学生正处在人生成长的关键时期，"知识体系搭建尚未完成，价值观塑造尚未成型，情感心理尚未成熟，需要加以正确引导"。大学生作为社会的新生力量，他们正处于知识体系构建、价值观塑造、情感心理成熟的关键时期，这一阶段的教育引导对于其未来的成长成才具有至关重要的影响。因此，高校思想政治教育必须紧密围绕学生的实际需求和发展特点，采取具有亲和力和针对性的教育手段，以达到提升学生思想政治素质、引导其健康成长的目的。

1. 注重学生价值观的塑造

习近平总书记强调，高校思想政治教育要注重抓好青年时期的价值观养成。这就像穿衣服扣扣子一样，如果第一粒扣子扣错了，剩余的扣子都会扣错。高校思想政治教育要把握大学生易受环境影响的特征，引导大学生"不断修身立德，打牢道德根基，让自己的人生道路走得更正、走得更远"。习近平总书记指出，人的成长成才是一个渐进的过程，在这个渐进的过程中，大学生表现出的思想、行为等方面的阶段性特点和长期习惯可以总结为学生成长的规律。遵循大学生成长成才规律，要求高校思想政治教育工作者具备敏锐的洞察力和深刻的理解力，能够准确把握大学生的心理变化、思想动态和成长需求。在具体工作中，这意味着以下方面：

（1）个性化关怀。认识到每个学生都是独一无二的个体，具有不同的成长背景、兴趣爱好和发展潜力。因此，教育工作应因材施教，关注每个学生的特点和需求，提供个性化的指导和支持。

（2）阶段性引导。大学生处于人生的关键阶段，其成长成才过程具有阶段性和连续性。高校思想政治教育应针对不同年级、不同专业学生的特点和需求，制订相应的教育计划和活动方案，引导他们逐步成长。

（3）全面发展。注重培养学生的综合素质和能力，不仅关注他们的学业成绩，还关注他们的思想品德、身心健康、社会实践等方面的发展。通过丰富多样的教育活动和实践机会，促进学生的全面发展。

（4）实践育人。强调理论与实践相结合，鼓励学生参与社会实践和志愿服务活动。通过亲身经历和实际操作，让学生更好地理解社会、认识自我，提升他们的实践能力和社会责任感。

（5）创新教育。紧跟时代步伐，不断创新教育理念和方式方法。利用现代信息技术手段，如网络课程、社交媒体等，拓展教育渠道和平台，提高教育的吸引力和实效性。

总之，遵循大学生成长成才规律是高校思想政治教育工作的内在要求。只有深入了解学生、关注学生、服务学生，才能真正做到以学生为中心，促进他们的全面发展，为实现中华民族伟大复兴的中国梦贡献青春力量。

2. 注重学生情感心理的培育

人的需求是多种多样的，人的实际利益问题也是多种多样的，有着物质的与精神的、正确的与错误的、积极的与消极的需要区别，要发挥思想政治教育的积极引领作用，提升人们的需求境界和思想觉悟。高校思想政治教育遵循学生成长成才规律，就必须掌握好大学生的思想心理，增强学生情感认同，加以正确引导。

首先，高校思想政治教育要深入学生生活，了解学生思想动态和情感心理。这要求教育者具备高度的敏感性和同理心，能够及时发现并理解学生的困惑和需求。通过与学生建立信任关系，倾听他们的心声，教育者可以更好地把握学生的思想脉搏，为后续的引导工作提供有力支持。

其次，针对大学生"拔节孕穗期"的特点，高校思想政治教育要注重正面引导和因材施教。这一时期的学生思想活跃、创新能力强，但同时也存在多变性和不稳定性的特点。因此，教育者要引导学生树立正确的世界观、人生观和价值观，帮助他们形成积极向上的精神风貌；同时，要根据学生的不同特点和需求，采取个性化的教育手段和方法，激发学生的学习兴趣和潜能。

在加强新的需求观教育方面，高校思想政治教育要引导师生树立正确合理的需求观。这包括满足需要与充分劳动相结合、物质需要与精神需要相结合、美好需要与社会贡献相结合等原则。通过这些教育引导，帮助学生认识到个人需求与社会责任之间的紧密联系，培养他们的社会责任感和奉献精神。此外，面对新时代社会主要矛盾的变化和大学生个人发展的多样化需求，高校思想政治教育还要关注学生的实际问题和思想困惑。这要求教育者不仅要解决学生的思想问题，还要关注他们的学习、科研和生活条件等方面的实际问题。通过提供必要的帮助和支持，减轻学生的负担和压力，使他们能够更加专注于个人成长和发展。

最后，高校思想政治教育要鼓励学生自主创业和为国家发展贡献力量。这既是对学生个人能力的肯定和鼓励，也是对他们社会责任感的培养和锻炼。通过引导学生结合国家需要和自身所长进行创业实践，可以激发他们的创新精神和开拓精神，为国家的繁荣富强贡献自己的力量。

3. 注重思想政治教育氛围的营造

习近平总书记高度重视高校思想政治教育中思想环境的建设，因而高校思想政治教育要注重教育氛围的营造，增强思想政治教育的时代感和亲和力。首先，要充分发挥高校对大学生思想政治教育氛围营造的作用，是确保立德树人根本任务得以有效落实的关键。大学阶段是青年学生世界观、人生观、价值观形成的关键时期，他们如同幼苗般需要精心引导和栽培。因此，高校思想政治教育必须全方位、多角度地营造良好的育人环境和氛围，将思想政治教育贯穿于课堂教学、社会实践、校园文化等各个环节，使大学生在潜移默化中受到熏陶和感染，从而形成良好的道德品质和行为习惯。其次，高校思想政治教育氛围的营造具有隐性特征，这是其独特的教育优势。与显性教育相比，隐性教育更加注重通过环境、文化、活动等方式对学生进行潜移默化的影响。高校应充分利用这一特点，积极营造有利于思想政治教育的舆论环境和文化氛围，如通过举办学术讲座、文化沙龙、志愿服务等活动，让学生在参与中感受、在体验中成长，从而增强思想政治教育的吸引力和感染力。最后，高校思想政治教育者要精准把握教育时机，确保育人时效。在重大事件和重要时间节点，如国家庆典、纪念日、突发事件等，都是开展思想政治教育的有利时机。教育者应敏锐捕捉这些时机，及时开展主题鲜明、感染力强、丰富多彩的思想政治教育活动，让学生在关注国家大事、社会热点的过程中，增强民族自豪感、社会责任感和使命感；同时，教育者还应注重教育活动的创新性和实效性，确保育人主题、内容和形式的有机统一，提高思想政治教育的针对性和有效性。

第二节　新时代教育理念与导学思政工作的融合

一、"大思政"育人理念

作为新时代思想政治教育发展与创新的现实理论形态，"大思政"育人理念产生与发展是践履新时代中国特色社会主义思想以及思想政治教育环境物化

第三章 理论支撑：新时代导学思政工作体系构建的理论基础

的理论与现实诉求。从"大思政"育人理念的实践演进来看，它经历了从"三育人"到"十育人"的发展过程。在一定程度上，"大思政"育人理念是以"N育人"为表现形式，以教书育人、管理育人、服务育人、实践育人、文化育人、网络育人、组织育人等为具体内容，目标指向"全员、全方位、全过程"育人，进而最终实现"立德树人"根本任务的合力育人理念。

(一) 核心内涵

"大思政"育人理念的核心内涵在于"大"字，"大"不是称谓，而是定位。"大思政"之"大"可从以下几方面作出回应与梳理。

1. "大系统"

思想政治教育之"大"的特性主要体现在思想政治教育是一项复杂的系统工程，是"一盘棋"的有机存在。"大系统"的定位是从思想政治教育的基本特质对"大思政"之"大"作出的理论反映。思想政治教育是由各个子系统有机结合而形成的系统整体（"大系统"）。从管理学的角度来讲，思想政治教育是一项有机的组织结构，其本身就是整体性、广泛性、有机性的存在，思想政治教育功能的发挥就是各要素按照一定的规律相互作用，各个系统通过功能耦合、结构协调，实现系统整体的生成与运行。从实体构成来看，思想政治教育由教育主体、教育客体、教育环体、教育介体四要素组成；从学科建设来看，思想政治教育是科学研究、人才培养、队伍建设的统一；从体制建构来看，思想政治教育是管理体制、工作体制、服务体制的协同运行；从教育影响来看，思想政治教育是学校教育、家庭教育、社会教育、自我教育的工作合力；从教育过程来看，思想政治教育是大、中、小学的衔接系统；从课程建设来看，思想政治教育是课程思政与思政课程、主渠道与主阵地的合力育人等。思想政治教育作为整体性的"大系统"，其功能的发挥离不开各个系统的正常运行，在这个意义上，"大系统"凸显的是思想政治教育各要素的机能关系，是一种关系性范畴。各系统相互联系、相互影响、相互制约统一作用于思想政治教育的系统整体，发挥着"1+1>2"的教育效果。只有它们有序运行、协同发力，才能实现"大系统"的有效性。

2. "大格局"

"格"是对认知范围内事物认知的程度，指向"大思政"理念的概念框架；"局"是指认知范围内所做事情以及事情的结果，指向"大思政"理念的意义框架。因此,"大格局"蕴含着思想与行为两个维度,是解释原则与方法论原则的统一。理解"大思政"之"大格局"需要从认知和建构两个方面展开。首先从认知方面来看,除了对思想政治教育是一项"大系统"的基本认知以外,还应从时代发展的角度去理解高校"大思政"理念之"大"的特点。在现代性发展背景下,历史已经演变成世界历史,经济全球化也已经成为基本事实,新时代建设人类命运共同体的理论背景、人们对"美好生活"的整体性追求、社会矛盾的重大转变、意识形态极端重要的战略要求、科学技术的迅速发展、现代性社会的一体化进程等无不彰显着这个时代所具有的"大"的特性。当一切发展都被裹挟于现代化进程中,思想流变、文化多样、价值多元为人们带来了更为复杂的思想问题,世界政治、经济、文化的交流交融交锋也为思想政治教育带来了更艰巨的挑战。面临着如此"大"的环境,思想政治教育工作者迫切需要树立国际性视野、整体性思维、人类性情怀,在"大"时代中树立"大"视野,在"大"视野中建构"大格局"。其次从建构方面来讲,在树立整体性思维的前提下,实现思想政治教育的"大格局",需要对课程思政、日常思政、网络思政、文化思政、学科思政等多个领域进行统一建构,统筹家庭、学校、社会的教育力量,将思想政治教育各个系统要素组织起来,形成一股教育合力,如此才能实现"大思政"之"大格局"的意义框架。

3. "大学科"

以马克思主义基础理论的思想地平为基本站位、以"大学科"观念为思想指导,是建设与发展思想政治教育该有的学科意识。列宁指出:"马克思主义理论体系是一个整体,犹如一整块钢铁,是肢解不了的。"[1] 马克思主义理论作为相对独立的一级学科具有系统性和整体性特点,它不是几个学科的简单组合,也不是"分学科"的概念系统,而是"超学科"的"一整块钢铁",不能将其肢解开来去理解。思想政治教育作为属于马克思主义理论下的二级学科,与其他学科的发展息息相关,如果离开了其他二级学科的支撑而独自为站,注定是片面而难以可持续发展的。因此,思想政治教育应打破学科壁垒,"在马克思主义理论一级学科上贯通学科基础,扩展学科界限,开拓学科视野,树立马克思主义理论研究的整体性意识"[2],在"大学科"观念中广纳博取,实现

---

[1] 列宁. 列宁选集:第2卷[M]. 北京:人民出版社,1995.
[2] 庞立生. 关于马克思主义理论学科研究生培养中若干关系的思考[J]. 思想教育研究,2019(7):80—82.

思想政治教育的可持续发展。此外，思想政治教育还应树立学术思维、提升学问修养，进而实现思想政治教育的内涵式发展。思想政治教育的学科在经历了专业化、体系化建设以后，理论框架基本建立，理论内容不断丰富，基本上形成了成熟的学科体系。但是也出现了一些问题，比如理论框架的教材化、理论内容的"公理化"、理论方法的模式化等，思想政治教育面临着新的发展瓶颈期。这个时候就需要发扬学术思维，以自觉的问题意识、致思的学者立场以及研究的学术品格，去发现"新问题"、切准"真问题"、聚焦"大问题"、阐释"老问题"，不断开拓思想政治教育基础理论新的生长点。概言之，树立"大学科"观念，不仅要葆有学科意识，站位于马克思主义基础理论的思想地平上，实现思想政治教育学科与旁系学科的齐头并进，还要树立学术思维，促进"学科"与"学术"的统一发展，推进思想政治教育的可持续发展和内涵式发展。

总的来说，理解高校"大思政"理念，应实现从形式逻辑到内涵逻辑、从"抽象的统一"到"具体的统一"的概念式理解。从时代发展趋势聚焦思想政治教育问题，从思想政治教育本身回应"大思政"理念的合理性与科学性，理解时代之"大"、思想政治教育之"大"的特性，将统筹"大系统"、建构"大格局"、发展"大学科"有机协同起来，推进思想政治教育的创新与发展。

（二）本质内容

"全员、全方位、全过程"——"三全育人"是"大思政"育人理念的本质内容，对其概念的阐释，是把握"大思政"育人理念本质内涵的关键。认识这一概念，要紧紧抓住"大思政育人理念是一个关系性范畴"这一根本论断，从而深化理解"大思政"育人理念的理论内涵。"全员"指向教育主体、"全方位"指向教育空间、"全过程"指向教育时间，三者有不同的价值指向，但又相互联系、相互影响，统一作用于思想政治教育育人整体。因此，高校"大思政"理念是实体、空间、时间的概念统合，是一个关系性范畴。

1."全员"育人

"全员"指向思想政治教育主体，并将其外延扩展为所有思想政治教育相关者。以往在谈到思想政治教育主体的时候，往往会泛指教师和学生这一对主客体关系，而"全员育人"是统筹思想政治教育所有相关工作者的主体性力量，将党政管理干部、思政课教师、辅导员、班主任、后勤服务人员、学生等人员纳入思想政治教育工作中来，形成"全员育人"的局面。"全员"不是简单的队伍扩充或人员聚合，而是使得所有"相关者"都成为具有主体行为能力的、能够产生良性主体行为效果的思想政治教育"参与者、学习者与行动者"。"全员育人"不仅强调思想政治教育工作人员对学生的教学与管理，而且强调他们加强自身思想道德建设，实现工作者与学习者的角色统一；不仅强调教育者对受教育者教学内容的施加和影响，而且强调双方"主体间"的有机结合与良性互动；不仅强调各部门工作人员各尽职责，而且强调部门之间的上下联动、相互配合。具体来讲，就是在专业思政教师与辅导员队伍、指导老师、学生工作部门与思想政治理论课教学单位、地方党委与高校党委等关系网中建立"党委统一领导、党政齐抓共管、专兼职队伍相结合、全校紧密配合、学生自我教育的领导体制和工作机制"，进而实现人人参与的"全员育人"体系。因此，"全员育人"是指教育者、受教育者、管理者、服务者等这些实体性教育要素，统一围绕着思想政治教育工作的教学、管理、组织、服务等相关活动，以人的全面发展为旨归而形成的合力育人理念。从这一概念出发，"大思政"育人理念是在由思想政治教育"全员"行为实践活动所构成的客观关系网络中而形成的全员参与、协同育人的"大思政"工作体系，是一个关系性范畴。

2."全方位"育人

"全方位"指向思想政治教育空间，主要指将思想政治教育贯穿到学生学习生活的各个方面，侧重于在思想政治教育现实关系空间中所实现的综合育人效果。影响大学生思想政治教育"有效性"的现实关系是多方面的，包括在社会化过程中所形成的社会交往关系、由原生家庭所施以影响的家庭关系、在高校接受专业化教育以及师生朋辈间产生的校园关系等，它们作为"教育关系"的总体，共同作用于高校思想政治教育的"实现状态"。"个人的全面性不是想象的或设想的全面性，而是他的现实关系和观念关系的全面性。"[1] 实现思想政治教育的整体性和学生的全面性发展，需要在现实关系的全面性中展开教育活动。因此，"全方位"育人首先强调要在"教育关系"的总体中实现学校—家庭—社会"三位一体"式教育。学校是进行思想政治教育工作的主要场域，担负着专门教书育人的功能，具有系统性、专业性的特点，加强学校思想政治教育是实现思想政治教育有效性的保障；家庭是进行思想政治教育的基本场域，其最主要的特征便是对学生价值观的形塑具有原生性、本初性、深远性的

---

[1] 中共中央马克思恩格斯列宁斯大林著作编译局. 马克思恩格斯全集：第46卷（下）[M]. 北京：人民出版社，1980.

影响，重视家风建设与家庭教育是实现思想政治教育有效性的前提；社会是进行思想政治教育的延伸场域，对大学生思想政治教育具有广泛性、整体性、多元性的影响，加强社会规范与社会秩序建设是实现并检验思想政治教育有效性的关键。思想政治教育作为一项复杂的社会工程与教育工程，是人的存在方式之一，需要学校教育、家庭教育、社会教育等在教育场域中的全部在场，才能实现"全方位"育人。

3."全过程"育人

"全过程"指向思想政治教育时间，主要是指将思想政治教育贯穿到学生学习和生活的始终，强调的是思想政治教育的过程模式。在"全过程"育人理念下，思想政治教育是围绕着人的思想动态而展开的具有阶段性、系统性、开放性的教育实践活动，要以运动、发展、联系的眼光看待思想政治教育的生成、运行、演变。首先，思想政治教育具有阶段性的发展特征。从高校内部学习系统来看，思想政治教育是本硕博一体化的过程，每一阶段都要依据大学生的发展需要以及规律进行不同的教育，发挥思想政治教育在不同阶段的育人功能；从整个教育系统来看，思想政治教育是大、中、小循序渐进、螺旋式上升的过程，在这一过程中，学生不管是在年龄还是思维方式上都呈现出较大的阶段性和差异性，尊重不同阶段学生的成长规律，把握每一阶段学生的认知特点和接受习惯，统筹不同学段思想政治教育内容的梯度衔接、目标的有效一致、教学的循序渐进等，实现大、中、小学的一体化衔接，是实现思想政治教育"全过程"育人的重要难题。其次，在"全过程"育人理念下，思想政治教育虽然具有不同的学段划分，但是却有着统一的主题，即把当前中国社会主义意识形态发展的战略要求，贯穿于思想政治教育的全过程，实现教育的政治性与人民性的统一。因此，要时刻关注国家、社会发展动态，将思想政治教育的"全过程"与新时代中国共产党治国理政的政治实践过程紧密结合，这是理解"全过程"育人的重要前提。

可见，"大思政"育人理念是在历史与逻辑中生成的思想政治教育综合育人理念，是对思想政治教育之"大"、时代之"大"价值判断；其本质内涵是通过"全员、全方位、全过程"育人，最终实现合力育人、落实立德树人；"大思政"育人理念是实体、空间、时间的概念统合，是一个关系性范畴，具体表现为"一体化领导、专业化运行、协同化育人"的思想政治工作格局。

二、"协同育人"理念

"协同"一词,可以理解为"各方互相配合或相互协助做某件事"[①]。在中国古代最早见于《说文》,其中提到"协,众之同和也"[②]"同,合会也"[③]。虽未将协同二字结合,但究其含义也可作协调、合作之意。"所谓协同,就是指协调两个或者两个以上的不同资源或者个体,协同一致地完成某一目标的过程或能力"[④]。"协同"一词并不是骤然出现的,而是随着人类社会的不断发展而出现的。当人类社会的生产力不断提高,技术不断发展,人与人之间的协作关系不断加深,不同资源之间、数据之间、场景之间等的协作也在不断加深,这种要素之间的协作会形成一定的效应,在同向同行的过程中推动事物的向前发展与迈进,而这种事物整体的发展也会带动各要素的发展与变化,使得整体优化,共同发展。协同也可以通过"协调一致""团结统一""相互配合"进行理解。首先是"协调一致",意为需要两者之间建立相同的目标,理顺彼此间的关系,在理念相合、资源共享、方法互通的基础上开展工作,这样才能保证两者能够同向发力,使一加一的效果大于二,得出最优解。其次是"团结统一",要求不同主体能够心往一处想,劲往一处使,避免事物内部诸要素间出现各自为政的情况,减小不必要的力量损耗与拉扯,因为这种内耗的最终结果就是使得事物发展停滞不前,甚至出现倒退的现象,于整体不利,个体亦然。最后是"相互配合",两者间不是生硬地融合在一起,需要在耦合性的助推下自然完成;也不是相互替代的关系,而是着重各自发挥自己的长处,避免影响整体的效果;也不能盲目结合,导致功能重叠,把一件事情多次做,既没有实际意义,又浪费了人力物力财力。"协同育人"则是指高校的育人工作改变以往育人主体、育人场域"单打独斗"的现象,确保育人目标协同一致,育人渠道相互衔接,育人资源合理流动,育人场域互联互通,形成协同效应,既满足高校育人工作的实际所需,又达成高校育人工作的既定目标。从系统观念而言,协同育人是将高校思想政治工作系统中的各要素进行协同,使得内部系统能够形成合力,实现高校思想政治工作体系的构建;同时,高校思想政治工作系统也

---

① 《当代汉语词典》编委会. 当代汉语词典: 双色修订版 [M]. 北京: 中华书局, 2011.
② (东汉) 许慎. 说文解字注全文检索 [M]. 臧克和, 王平, 等, 编. 广州: 南方日报出版社, 2004.
③ (东汉) 许慎. 说文解字注全文检索 [M]. 臧克和, 王平, 等, 编. 广州: 南方日报出版社, 2004.
④ 彭洁, 赵辉, 齐娜. 信息资源整合技术 [M]. 北京: 科学技术文献出版社, 2008.

与整个育人系统之间存在着协同的要求，要通过对各要素的调整来实现两者间的动态平衡。从合力方向而言，纵向上，高校思想政治工作强调一体化运行，建立健全上下联动的育人格局；横向上，高校思想政治工作与社会力量相接，推动教育资源的整合与共享，形成"家—校—社"合力育人的局面。从育人空间而言，既要利用好实体资源，重视实践育人，也要积极开发网络资源，打造云上课堂，实现线上线下协同育人。

由此可见，"大思政"视域下高校思想政治工作的协同，需要建立健全各项机制，在各级党委的统一领导之下，积极动员校内外各主体参与其中，并按照一定的结构，使各主体能够各归其位、各司其职、各显其能；把准时代动向、借助科学技术不断营造良好的育人环境与文化氛围，促进各类资源在高校系统内合理流动，并与社会、家庭系统形成良性互动，在整个高校思想政治工作开展过程中达成全员育人、全程育人、全方位育人的实际效果，推动高校思想政治工作的进一步深化与发展，为国家培养符合新时代要求的人才，以中国式现代化全面推进中华民族伟大复兴。

第三节　国内外高校先进育人经验与启示

一、以隐性教育推动显性教育成果转化

在高校思政工作中，隐性教育以其独特的魅力和深远的影响力，成为推动显性教育成果转化的重要力量。这种转化不仅体现在学生知识技能的提升上，更深刻地反映在他们思想观念的成熟、道德品质的塑造以及行为习惯的养成上。隐性教育以其非强制性、渗透性和持久性的特点，在高校思政工作中发挥着不可替代的作用。它不像显性教育那样直接灌输知识或观念，而是通过营造特定的环境、氛围和文化，使学生在不知不觉中接受并内化正确的价值观、道德观和世界观。这种教育方式更加符合学生的认知规律和心理需求，能够更有效地促进学生的全面发展。

（一）先进范例

在国外，以隐性教育推动显性教育成果转化的高校以牛津大学、哈佛大学、斯坦福大学为代表。

1. 牛津大学：古典与现代交织的隐性课堂

在牛津的古老街巷间，每一块石板路都仿佛承载着历史的低语，每一座学院都散发着独特的文化气息。这里，隐性教育不仅体现在古老的建筑、丰富的藏书和悠久的传统中，更深深融入了日常的学习与生活之中。

牛津大学倡导"导师制"，每位学生都有一位专属导师，不仅在学术上给予指导，更在人格塑造、思维训练上倾注心血。导师与学生间的非正式交流，往往发生在图书馆的角落、河畔的漫步或是晚餐后的闲聊中，这些看似随意的时刻，实则是隐性教育最生动的实践。学生们在导师的言传身教中，学会了批判性思维，培养了独立思考的能力，更在潜移默化中领悟到了何为责任、何为担当。此外，牛津大学还鼓励学生参与各类社团、辩论赛和公益活动，这些活动不仅丰富了学生的课余生活，更是隐性教育的重要载体。在筹备活动、组织讨论、服务社区的过程中，学生们学会了团队合作、沟通协调，更重要的是，他们开始思考自己的社会角色，将个人成长与社会责任紧密相连。

2. 哈佛大学：创新与人文并重的隐性教育

哈佛大学作为世界顶尖学府之一，其隐性教育的魅力在于其无处不在的创新精神与深厚的人文底蕴。在这里，学生不仅接受最前沿的科学知识，更在潜移默化中接受着人文精神的熏陶。哈佛大学的"核心课程"制度，是隐性教育的一大亮点。这些课程跨越学科界限，涵盖文学、艺术、历史、哲学等多个领域，旨在培养学生的综合素养和跨学科思维。学生们在探索不同文化、思考人类共同面临的问题时，逐渐形成了更加开阔的视野和深刻的洞察力。

此外，哈佛大学的校园文化也充满了隐性教育的元素。从每年一度的"哈佛之夜"到各式各样的讲座、研讨会，从哈佛商学院的案例教学到肯尼迪政府学院的公共政策模拟，学生们在参与这些活动的过程中，不仅增长了见识，更在无形中锻炼了领导力、决策力和解决问题的能力。

3. 斯坦福大学：实践与创新并驱的隐性教育

斯坦福大学作为硅谷的心脏，其隐性教育的特色在于将理论与实践紧密结合，鼓励学生将所学知识应用于解决实际问题之中。在这里，创新不仅仅是一个口号，更是一种生活方式。斯坦福大学的"创业文化"是其隐性教育的重要组成部分。学校为学生提供了丰富的创业资源和平台，如创业加速器、孵化器、风险投资网络等，鼓励学生将创意转化为现实。在这个过程中，学生们不仅学会了如何撰写商业计划书、筹集资金、管理团队，更重要的是，他们学会了如何在失败中汲取教训、在挑战中寻找机遇。

此外，斯坦福大学还注重培养学生的全球视野和社会责任感。学校鼓励学生参与国际交流项目、社区服务和社会创新项目，通过这些活动，学生们不仅拓宽了国际视野，更深刻理解了社会问题的复杂性，培养了解决全球性问题的能力。

（二）先进经验启示

对于国内高校而言，我们也可借鉴此有益经验，在研究生立德树人工作中以隐性教育推动课程思政、课堂思政等显性教育成果转化。首先，通过构建丰富的校园文化氛围，将思政教育的理念渗透于研究生的日常生活之中。这包括举办各类主题讲座、研讨会、文化沙龙等活动，邀请专家学者、社会楷模分享人生经验和思想感悟，使研究生在轻松愉快的氛围中接受到正面的价值观引导；同时，利用校园广播、网络平台、宣传栏等多种媒介，传播正能量，弘扬主旋律，让研究生在潜移默化中受到感染和熏陶。其次，注重通过实践教学和社会实践等方式，将思政教育的理论知识与学生的实际行动相结合。组织研究生参与志愿服务、社会调查、专业实习等活动，让他们在实践中深入了解社会、体验生活，从而加深对思政理论的理解和认同。这种"知行合一"的教育模式，不仅提高了研究生的实践能力，更促进了他们思想品德的升华和显性教育成果的转化。再者，积极探索利用新媒体技术开展隐性思政教育的有效途径。通过微信公众号、微博、短视频等平台，推送贴近研究生生活、符合时代特征的思政教育内容，以更加生动、形象的方式吸引研究生的注意力，激发他们的学习兴趣；同时，利用大数据、云计算等技术手段，分析研究生的兴趣爱好、思想动态，为个性化思政教育提供有力支持，进一步提升思政教育的针对性和实效性。最后，注重加强师生之间的情感交流和心理疏导，构建和谐的师生关系。思政工作者通过倾听、理解、尊重学生的需求和困惑，为他们提供及时有效的帮助和指导，使他们在遇到困难时能够积极面对、勇敢克服。这种情感上的支持和心理上的慰藉，不仅增强了学生的归属感和安全感，也促进了他们思政素质的提升和显性教育成果的转化。

高校思政工作以隐性教育推动显性教育成果转化是一项系统工程，需要学校、教师、学生以及社会各界的共同努力和配合。通过构建丰富的校园文化氛围、加强实践教学和社会实践、利用新媒体技术开展隐性思政教育以及加强师生之间的情感交流和心理疏导等措施，可以有效促进思政教育的深入开展和显性教育成果的转化,为培养德智体美劳全面发展的社会主义建设者和接班人奠定坚实基础。

二、建立平等和谐导学交互关系

导学交互关系,即导师与研究生之间的教学、指导与互动关系,是研究生教育中的重要组成部分。这种关系不仅涉及知识的传授与接收,更涵盖了人格影响、情感交流、价值观塑造等多个层面。导学交互关系可以根据不同的特征划分为多种类型,如权威型、松散型等。其中,权威型导学关系以导师为中心,导师具有较深的资历和学术权威,师生关系以学术为主导;而松散型导学关系则可能由于客观原因(如导师科研项目和经费不足、工作繁忙等)导致师生间接触机会减少,关系相对松散。然而,在新时代背景下,更加倡导构建一种平等、和谐、互动的新型导学关系,即"平""亲""清"的导学关系。

(一)建立平等和谐导学交互关系的意义

在思政育人工作中,建立平等和谐的导学交互关系是至关重要的。这种关系不仅有助于提升研究生的学术能力和综合素质,还能够促进导师和研究生之间的情感交流和信任建立,进而实现双方共同成长。

1. 促进学术成长

在平等和谐的导学关系中,导师能够更有效地指导研究生进行学术研究,帮助他们解决学术难题,提升研究能力;同时,研究生也能在导师的引导下,积极参与学术活动,拓宽学术视野。

2. 增强情感交流

和谐的关系有助于增进导师和研究生之间的情感联系,使双方能够在轻松愉快的氛围中交流思想、分享经验。这种情感交流能够增强双方的信任感,促进彼此之间的理解和支持。

3. 培养综合素质

平等和谐的导学关系不仅关注学术成长,还注重研究生的综合素质培养。导师通过言传身教,引导研究生树立正确的价值观、人生观和世界观,培养他们的道德品质、社会责任感和创新精神。

（二）先进范例

国内高校在思政育人过程中，建立平等和谐的导学交互关系是一个重要的实践方向。以下是一些具体的案例，展示了国内高校如何在这一领域取得成效。

1. 浙江工业大学经济学院：构建师生发展共同体

案例概述：浙江工业大学经济学院以"双重主体、导学融合、携同发展"为理念，基于团队"师生发展共同体"的导学关系进行了十年探索与实践。这种模式下，教师和学生共同成为教学的主体，共同参与教学过程，形成平等、互动、合作的教学关系。

平等和谐导学交互关系的体现：

双重主体教学模式：教师和学生共同参与教学过程，形成平等、互动、合作的教学关系。这种模式要求导师构建良好师生关系，尊重学生个性差异和主体地位，关注学生成长和发展。

共同探讨与科研合作：导师和学生共同探讨实验思路和研究方法，培养学生主动探索和综合应用能力。通过多次的交流和讨论共同完成论文写作和课题研究，体现了师生之间的深度合作。

团队文化传承：师兄师姐们会毫无保留地分享自己的学习经验和研究心得，帮助新成员更快地融入团队。这种传帮带的传统不仅提升了团队凝聚力，也让每位成员都感受到了家的温暖。

案例成效：徐维祥教授团队作为典型案例，成功培养了一批批优秀的博硕士毕业生，他们在工作中都表现优异。这种平等和谐的导学交互关系为高校思政育人提供了宝贵的经验。

2. 北京航空航天大学：空天精神融入"大思政"育人体系

案例概述：北京航空航天大学将"爱国奉献、敢为人先、团结拼搏、担当实干"的空天报国精神作为人才培养的重要抓手，构建"大思政"育人体系。该项目立足一流人才培养目标和学校鲜明行业特色，将空天精神融入教育教学全过程。

平等和谐导学交互关系的体现：

思政课程与专业课程融合：构建以思政必修课为"一体"、思政选修课和专题思政课为"两翼"的思政课程体系，将空天精神的精髓要义有机融入教学内容。这种融合不仅提升了思政课程的实效性,也促进了学生对专业知识的深入理解。

实践育人:推动学校小课堂和社会大课堂紧密联动,打造高校"一站式"社区育人机制。实行社会实践"双导师制",引导学生将论文写在祖国大地上,增强了学生的社会责任感和使命感。

思政教师与专业教师协同育人:组织思政名师与学科专业教学名师合作研究,深挖思政元素,推进内容融合。这种协同育人的方式促进了师生之间的跨学科交流和理解。

案例成效:北京航空航天大学的"大思政"育人体系显著提升了学生的政治领悟力、报国情怀和综合素质。近五年,国防系统学生总体就业率明显提高,到航空航天学科群国防系统就业比例最高达到52.37%。

3. 中国地质大学导学团队:因材施教与和谐导学

案例概述:中国地质大学通过创建卓越导学团队,落实立德树人根本任务,提升研究生培养质量。学校鼓励导师和研究生建立平等和谐的导学关系,因材施教,共同铸就和谐融洽的温暖团体。

平等和谐导学交互关系的体现:

因材施教:根据学生不同的性格特点和学科背景建立档案,实施个性化指导。这种因材施教的方式促进了师生之间的深入了解和信任。

固定组会与团队研讨:坚持每周固定组会制度,创新导师组协同指导与团队贯通式研究生培养机制。通过学术研讨会等形式分享前沿和热点,提升研究生的科研能力。

户外运动与科研结合:鼓励导师将户外运动与科研课题相结合研究,让学生在实践中得到更深层次的成长。这种结合不仅增强了学生的身体素质,也促进了他们的创新思维和团队合作精神。

案例成效:中国地质大学的卓越导学团队在育人特色上更加鲜明,育人意识更加强化。团队中涌现出了一批批优秀的毕业生和科研成果,为高校思政育人提供了有益的借鉴和启示。

(三)经验启示

国内高校在思政育人过程中通过建立平等和谐的导学交互关系取得了显著成效。这些案例不仅展示了高校在育人理念、教学模式和实践探索上的创新成果,也为其他高校提供了宝贵的经验和参考。

要构建和谐平等的导学关系，应当从以下几个方面入手：

（1）树立以生为本的教育理念。导师不仅要以学生为中心，关注学生的全面发展，尊重学生的个性差异和成长规律。在指导过程中，还要关注学生的需求和反馈，及时调整指导策略，确保研究生能够得到有效的帮助和支持。

（2）建立平等互动的导学机制。导学关系应建立在双方人格平等、互相尊重的基础上。在科研活动中，导师和研究生应相互配合、彼此启发，共同解决学术难题；同时，双方应保持良好的沟通渠道，及时分享研究进展和心得体会。

（3）加强导学互动的平台建设。学校和学院应搭建相关平台载体，为和谐导学关系提供有力支持。例如，可以定期举办学术讲座、研讨会等活动，为导师和研究生提供交流的机会；建立在线导学系统，方便双方进行远程交流和指导。

（4）注重非学术环境的情感交流。除了学术活动外，导师和研究生还应加强在非学术环境下的情感交流。通过共同参与校园活动、体育运动、聚餐等方式，加深彼此之间的了解和信任感。这种非正式互动有助于形成更加紧密和谐的导学关系。

（5）建立完善的导学评估机制。学校和学院应建立科学合理的导学评估机制，对导师和研究生之间的导学关系进行定期评估。通过评估结果反馈，及时调整导学策略和方法，确保导学关系的持续健康发展。

三、调动多主体育人工作合力

研究生思政育人主体是指在研究生思想政治教育和育人过程中承担主要责任和发挥核心作用的组织和个人。这些主体通过不同的方式和途径，共同推动研究生思政工作的深入开展，促进研究生的全面发展。

（一）研究生思政育人主体的构成

具体而言，研究生思政育人主体包括以下几个方面。

（1）学校党委及行政管理部门：作为研究生思政工作的领导核心和统筹协调者，负责制定思政工作的总体方针、政策和规划，并提供必要的资源支持和保障。

（2）学院党委及思政工作队伍：直接负责研究生思政工作的具体落实和实施。这包括学院党委书记、副书记、辅导员、班主任等，他们通过课堂教学、主题班会、谈心谈话等形式，对研究生进行思想政治教育和日常管理。

（3）研究生导师：作为研究生学术研究和思想成长的重要引路人，研究生导师在指导研究生进行学术研究的同时，也承担着思政教育的重要职责。他们通过言传身教、学术引领等方式，对研究生进行思想政治教育和人格塑造。

（4）研究生自我教育组织：如学生会、研究生社团等，是研究生自我管理、自我服务、自我教育的重要平台。这些组织通过开展丰富多彩的校园文化活动和社会实践活动，引导研究生积极参与思政教育，提升他们的综合素质和社会责任感。

（5）其他相关部门和人员：如心理咨询中心、就业指导中心、图书馆等部门的工作人员以及校友、校外专家等，也在不同程度上参与到研究生思政育人工作中来，为研究生的全面发展提供支持和帮助。

（6）家庭和社会力量：家庭和社会力量是研究生思政工作的重要补充和支持。家庭：家长应关注研究生的思想动态和心理健康，与学校保持密切联系，共同促进研究生的健康成长。社会力量：包括企业、社区、媒体等，可以通过提供实习实践机会、开展公益活动等方式，引导研究生关注社会、服务社会，培养他们的社会责任感和公民意识。

综上所述，研究生思政工作的主体是一个多元化的体系，需要学校党委及行政管理部门、学院党委及思政工作队伍、研究生导师、研究生自我教育组织以及家庭和社会力量等多方面的共同努力和协作。只有这样，才能形成强大的育人合力，为研究生的全面发展和成长成才提供有力保障。

（二）先进范例

1. 绥化学院"导师进寝室"活动

绥化学院持续推进"导师进寝室"特色活动，旨在通过导师的深入关怀和指导，促进学生的学业进步、生活独立和心理健康。

（1）生活与心理关怀：导师们关心同学们的日常生活状况，着重关注大家的心理状态。对于部分压力较大的同学，导师们耐心倾听他们的烦恼和忧虑，进行一对一的心理疏导和情绪安抚，鼓励学生保持积极乐观的心态，正确对待学习和生活中的挑战与困难。引导学生树立正确三观，鼓励学生珍惜时光，努力学习，提高素质。

（2）学业指导：在学期末，导师们与同学们一起回顾整个学期的学习生活经历，对同学们所取得的进步和成绩给予充分肯定和赞扬。导师们对期末考试的复习方法和应考技巧进行指导，提醒同学们要认真复习、诚信考试。

（3）未来规划：导师们与同学们一起探讨未来的发展方向和目标，鼓励大家在假期里不断充实自己，为下一学期的学习和生活做好充分准备。导师们还嘱咐学生重视暑假期间寝室安全等问题。

在导师的悉心关怀和指导下，学生们在学业上不断进步，在生活中逐渐独立，在心理上更加成熟自信。该活动切实解决了学生在学习和生活中遇到的各种实际问题，为学生的成长成才提供了有力的支持与保障。

2. 华东师范大学经济与管理学院政校企协同育人实践项目

华东师范大学经济与管理学院为深入贯彻落实学校思政工作精神，深化政校企协同育人，拓展政校企多向互动，持续助力学校卓越育人工程，通过打造"一体双驱四融"政校企协同育人工作法，构建政校企协同育人的人才培养模式。

构建协同育人模式：学院坚持以立德树人为根本，坚持教育与社会实践相结合、第一课堂与第二课堂相融合，培养学生的创新精神和实践能力，构建"一体双驱四融"的协同育人模式，即以一个共同的人才培养目标为体，以学校和企业为双驱动，实现资源、平台、课程和文化的深度融合。

实施三大计划：围绕企业导师领航计划、校友大使带教计划、实践基地育人计划，深化政校企双向融通，共铸卓越育人精神。聘请各行业领域企业高管等担任企业导师、实践育人导师，依托学院实习实践基地，发挥企业导师和实践育人导师的力量。

开展实践活动：师生共同赴陆家嘴金融城、虹口区税务局、上海浦东图书馆、东方财富、安永、普华永道、中国万向集团等10余家单位进行访问交流，聆听企业导师的前沿讲座。

通过这些实践活动，让学生感受"体验式教学"的魅力，进一步构建政校企、师生共进的育人实践共同体。该项目有效提升了学生的创新精神和实践能力，增强了他们的社会责任感和职业素养；同时，也加强了学院与政府、企业之间的合作与交流，为学院的卓越育人工程提供了有力支持。

（三）经验启示

高校调动多主体育人工作合力的实践，为我们提供了宝贵的启示，这些启示对于提升高等教育质量、加强思政工作、促进学生全面发展具有重要意义。

（1）构建协同育人机制：高校应构建校内外多主体协同育人的长效机制，

包括校内各部门（如教务处、学生工作部、就业指导中心等）之间的协作，以及与政府、企业、社会机构等外部主体的合作。这种机制能够整合资源，形成育人合力，为学生提供全方位、多角度的支持。

（2）强化导师育人责任：导师在育人过程中扮演着至关重要的角色。高校应明确导师的育人责任，鼓励导师积极参与学生的学业指导、职业规划、心理辅导等方面的工作。通过导师的个性化指导和关怀，能够更好地促进学生的成长和发展。

（3）注重学生的全面发展：高校应注重学生的全面发展，而不仅仅是学业成绩。通过多主体育人工作，可以为学生提供更多的实践机会、创新平台和社会资源，帮助他们在学术、技能、品德、心理等方面得到均衡发展。

（4）创新育人模式：随着时代的发展，传统的育人模式已经难以满足学生的多元化需求。高校应积极探索和实践新的育人模式，如校企合作、产学研结合、国际化教育等，以更好地适应社会的变化和学生的需求。

（5）加强家校合作：家庭是学生成长的重要环境之一。高校应加强与家庭的联系和合作，共同关注学生的成长和发展。通过家校合作，可以形成教育合力，促进学生的全面发展。

（6）营造良好育人氛围：高校应营造良好的育人氛围，包括学术氛围、文化氛围、实践氛围等。这种氛围能够激发学生的学习兴趣和创造力，促进他们的自主学习和全面发展。

（7）关注特殊群体：在调动多主体育人工作合力的过程中，高校还应特别关注特殊群体学生，如经济困难学生、心理困扰学生等。通过提供针对性的帮助和支持，确保他们也能享受到公平的教育资源和机会。

（8）持续改进与评估：高校应建立持续改进与评估机制，对多主体育人工作进行定期评估和总结。通过评估结果，可以发现问题和不足，及时进行调整和改进，以确保育人工作的质量和效果。

综上所述，高校调动多主体育人工作合力的启示在于构建协同育人机制、强化导师育人责任、注重学生全面发展、创新育人模式、加强家校合作、营造良好育人氛围、关注特殊群体以及持续改进与评估等方面。这些启示对于提升高等教育质量、加强思政工作、促进学生全面发展具有重要意义。

四、打造多维立体的育人网络

研究生育人工作网络是一个涉及多个主体、多种资源和多种方式的复杂系统，旨在培养高素质的研究生人才。

（一）育人工作网络的构成

1. 主体构成

（1）高校（研究生院）：作为研究生教育的主要承担者，负责制订研究生培养方案、提供教育资源、搭建育人平台等。

（2）导师队伍：在研究生育人过程中发挥核心作用，通过科研指导、学术交流、职业规划等方式，促进研究生的学术成长和职业发展。

（3）研究生自身：作为育人工作的直接对象，也是积极参与者。通过自主学习、科研实践、参与学术交流等方式，不断提升自己的综合素质和研究能力。

（4）企业与社会机构：为研究生提供实习实训、社会实践、创新创业等机会，帮助研究生将所学知识应用于实践，增强社会适应能力。

2. 资源整合

（1）教育资源：包括研究生课程、教材、实验室、图书馆等，为研究生提供丰富的学习材料和良好的学习环境。

（2）科研资源：包括科研项目、科研基金、科研平台等，支持研究生开展科研活动，提升科研能力和创新能力。

（3）实践资源：包括实习实训基地、社会实践项目等，为研究生提供实践机会，增强实践能力和解决问题的能力。

（4）网络资源：利用互联网和信息技术手段，搭建线上学习平台、科研交流平台等，拓展研究生学习空间和交流渠道。

3. 育人方式

（1）课程教学：通过系统的研究生课程设置，传授专业知识和技能，培养研究生的学术素养和综合能力。

（2）科研训练：通过参与导师的科研项目、独立承担研究课题等方式，提升研究生的科研能力和创新能力。

（3）实践锻炼：通过实习实训、社会实践等活动，增强研究生的实践能力和社会适应能力。

（4）学术交流：组织研究生参加学术会议、学术讲座等活动，拓宽学术视野，激发创新思维。

（5）心理辅导与职业规划：为研究生提供心理辅导和职业规划服务，帮助他们解决心理问题，明确职业方向。

（二）打造立体育人工作网络的意义

打造立体育人工作网络的意义深远且广泛，主要体现在以下几个方面。

（1）促进研究生全面发展：立体育人工作网络通过整合多种教育资源、实践机会和育人方式，为研究生提供了全方位、多层次的学习和发展平台。这种网络不仅关注研究生的学术成长，还注重培养他们的实践能力、创新能力、社会责任感和人文素养，有助于促进其全面发展。

（2）提高育人质量：通过构建立体育人工作网络，学校可以更加系统地规划育人工作，明确育人目标和任务，优化资源配置，提高育人效率；同时，网络中的各个主体可以相互协作、优势互补，形成育人合力，共同提升育人质量。

（3）增强育人工作的针对性和实效性：立体育人工作网络注重因材施教，根据学生的不同特点和需求，提供个性化的育人方案和服务。这种针对性的育人方式可以更好地满足研究生的成长需求，提高育人工作的实效性。

（4）促进教育公平：立体育人工作网络通过拓展育人资源和渠道，为更多学生提供了接受优质教育的机会。特别是对于那些来自经济困难家庭或偏远地区的学生来说，网络中的社会实践、志愿服务等活动可以为他们提供更多的发展机会，有助于缩小教育差距，促进教育公平。

（5）推动教育改革与创新：打造立体育人工作网络是教育改革与创新的重要体现。通过不断探索和实践新的育人方式和方法，学校可以积累经验、总结规律，为教育改革提供有力支持；同时，网络中的各个主体之间的交流和合作也可以促进教育理念的更新和教育模式的创新。

（6）增强社会适应能力：立体育人工作网络注重培养研究生的社会适应能力。通过参与社会实践、志愿服务等活动，研究生可以更好地了解社会、融入社会，增强社会责任感和公民意识。这种社会适应能力的培养对于研究生未来的职业发展和人生规划具有重要意义。

综上所述，打造立体育人工作网络对于促进研究生的全面发展、提高育人质量、增强育人工作的针对性和实效性、促进教育公平、推动教育改革与创新以及增强研究生的社会适应能力等方面都具有重要意义。

（三）先进范例

国内高校在打造多维立体育人工作网络方面进行了诸多探索和实践。

1. 南开大学

南开大学提出的一种全新的教育理念，即"SIM 育人理念"，旨在通过构建由校内人员、行业人员和校友组成的"三位一体"全员思政育人立体网络格局，实现对研究生的全过程培养与全方位覆盖。这一理念强调思政教育的全员性、全程性和全方位性，构建起全员思政育人立体网络格局。

（1）校内育人主体。

南开大学注重发挥校内人员的育人作用，包括专任教师、管理干部和辅导员等。他们通过课堂教学、社会实践、校园文化等多种形式，将思政教育融入研究生的日常学习和生活中。

①专任教师：在专业课程中融入思政元素，通过案例教学、讨论式教学等方式，引导研究生树立正确的世界观、人生观和价值观。

②管理干部：通过制定和执行相关政策，为研究生提供良好的学习和生活环境，同时加强研究生的思想政治教育。

③辅导员：作为研究生思政教育的骨干力量，辅导员通过日常谈心谈话、主题班会、社会实践等方式，深入了解研究生的思想动态，帮助他们解决思想问题和实际困难。

（2）校外育人主体。

①行业人员：南开大学积极邀请行业人员参与思政教育，包括企业家、专家学者、社会楷模等。他们通过讲座、报告、实践指导等形式，为研究生提供行业前沿信息和职业发展建议，同时传递正能量和正确的价值观。

②校友：南开大学充分利用校友资源，通过校友讲座、校友论坛、校友导师制等方式，让校友分享自己的成长经历和职业发展经验，为研究生提供榜样和激励。同时，校友还可以为研究生提供实习、就业等方面的帮助和支持。

作为一种具有创新性和实效性的教育模式，南开大学基于 SIM 育人理念构建的全员思政育人立体网络格局注重发挥校内人员、行业人员和校友的育人作用，通过多种形式的培养和锻炼，实现了对研究生的全过程培养与全方位覆盖。这一模式不仅提升了研究生的思政素质和综合素质，还促进了南开大学良好育人氛围的形成。

2. 长春中医药大学

长春中医药大学打造三维立体育人模式，从多个维度来培养研究生的专业素质、综合能力和社会责任感。

(1) 专业素质培养。

长春中医药大学在专业素质培养方面，注重传统中医精髓的传承与现代教育体系的融合。

①课程体系构建：学校建立了以中医经典课程为核心，涵盖中医基础理论、中医临床技能、中医养生康复等多方面的课程体系。通过系统学习，使学生能够全面掌握中医专业知识，奠定坚实的专业基础。

②实践教学强化：学校强调实践教学的重要性，通过附属医院、实习基地等平台，为学生提供丰富的临床实践机会。让学生在实践中深化对中医理论的理解，提升临床技能和诊疗水平。

③创新能力培养：学校鼓励学生参与科研项目、学术竞赛等活动，激发学生的创新思维和实践能力。通过科研训练，使学生能够独立思考、勇于探索，为中医药的传承与创新贡献力量。

(2) 综合能力提升。

长春中医药大学在综合能力提升方面，注重培养学生的综合素质和多元能力。

①综合素质教育：学校通过开设人文社科、自然科学等跨学科课程，拓宽学生的知识面和视野。同时，加强思政教育，培养学生的爱国主义情怀和社会责任感。

②团队协作能力：学校通过组织团队项目、社会实践活动等方式，培养学生的团队协作精神和沟通能力。让学生在团队中学会相互协作、共同进步，为未来的职业发展打下基础。

③领导力培养：学校鼓励学生参与学生组织、社团活动等，通过担任领导职务、组织活动等方式，培养学生的领导力和管理能力。

(3) 社会责任感强化。

长春中医药大学在社会责任感强化方面，注重培养学生的社会责任感和奉献精神。

①社会服务实践：学校组织学生参与社区服务、公益活动等，让学生在实践中感受社会责任的重要性。通过服务他人、奉献社会，培养学生的社会责任感和公民意识。

②医德医风教育：学校加强医德医风教育，培养学生的职业道德和职业操守。通过讲座、案例分析等方式，引导学生树立正确的医疗观念和服务意识，为未来的医疗事业贡献力量。

③传承中医文化：学校鼓励学生参与中医文化的传承与传播工作，通过举办讲座、展览、文化体验等活动，让更多的人了解中医、认识中医、信任中医。同时，培养学生的文化自信和文化担当，为中医文化的传承与发展贡献力量。

3. 华南理工大学

在教育部思政司的指导下，华南理工大学积极响应加强和改进高校思想政治工作的号召，立足大湾区高质量发展战略，依托与多个企业的合作基础，深入开展社会实践，推动浸润式"大思政"建设，赋能创新型人才培养。该校通过"大校大企大战略"的协同联动，促进"双创＋"育人思路贯穿于研究生培养全过程，建立"多元化—深层次—全覆盖"协同育人机制，构建思政共同体，实现浸润式育人；实行"双导师制"，促进研究生"科研＋工程"全面培养；通过"原生课堂""实践课堂""网络课堂"三种课堂打造立体化育人生态圈。

(1)"多元化—深层次—全覆盖"协同育人机制。

该校与大型企业签订产教融合人才联合培养协议，如与南方电网、中广核等签订的合作协议，实现"本—硕—博"贯通式教育。通过"共建课程""共建项目""共建平台"等方式，融合校企资源，促进研究生培养"学—知—行"深层次融通。实施"基地联培""专项联培""协同育人"三大计划，向企业输送人才，提高企业在研究生培养过程中的参与度。

(2)"大空间—零距离—立体化"实践育人机制。

秉承"大空间"理念，持续开展访企拓岗行动，与知名企业共建实习实践基地，为研究生实践活动提供多样化场地。强调"零距离"标准，实行"双导师制"，促进研究生"科研＋工程"全面培养。以"原生课堂""实践课堂""网络课堂"三种课堂形式，打造课内课外、校内校外、线上线下立体化育人生态圈。

该校研究生在各类竞赛中屡获佳绩，如"互联网＋"全国金奖、"挑战杯"全国特别一等奖等。毕业生得到了行业高度认可，超过70%的毕业生进入世界500强企业工作。同时，研究生积极参与创新创业实践，自主创立了多家企业，深度参与企业技术难题研究和重大电力工程建设，如参与"昆柳龙直流工程"、云贵互联等重大电力工程。

（四）经验启示

高校在打造研究生立体育人工作网络方面，可以从多个维度进行探索和实践，以下是一些启示和建议。

1. 强化党的领导与顶层设计

成立专项工作组：成立由校领导牵头的"研究生立体育人工作领导小组"，明确职责分工，确保工作有序开展。

制订实施方案：结合学校实际，制订详细的实施方案，明确工作目标、任务、措施和考核标准。

2. 构建多维立体育人平台

（1）网络平台建设。

①官方平台：充分利用学校官方网站、微信公众号、微博等官方平台，发布研究生教育信息，开展线上交流互动。

②专业课程平台：依托慕课（MOOC）、网络课程等线上教学资源，为研究生提供丰富多样的学习材料和课程选择。

③学术交流平台：建立研究生学术交流社区或论坛，鼓励研究生发表学术见解，促进学术交流和思想碰撞。

（2）实践平台搭建。

①校企合作：与企业、科研机构等建立合作关系，为研究生提供实习实训、项目合作等实践机会。

②科研平台：建立或完善研究生科研平台，支持研究生开展科学研究，培养其科研能力和创新精神。

（3）文化育人平台。

①校园文化活动：举办各类学术讲座、文化沙龙、艺术展览等活动，丰富研究生的校园文化生活，提升其综合素质。

②地域文化融入：结合学校所在地域的文化特色，开展地域文化教育和实践活动，增强研究生的文化自信和归属感。

3. 创新育人模式与方法

（1）课程思政：将思想政治教育融入研究生专业课程中，实现知识传授与价值引领的有机结合。

（2）导师责任制：明确导师在研究生立体育人中的责任和作用，加强导师与研究生之间的沟通和指导。

（3）个性化培养：根据研究生的个性特点和发展需求，制订个性化的培养方案，促进其全面发展。

4. 完善评价与激励机制

（1）评价体系构建：建立科学合理的研究生评价体系，综合考虑学术成果、实践能力、综合素质等多个方面。

（2）激励机制创新：设立奖学金、优秀论文奖等奖项，对表现优秀的研究生给予表彰和奖励；同时，鼓励研究生参与各类竞赛和实践活动，提升其竞争力和社会适应能力。

5. 加强资源保障与支持

（1）经费保障：加大研究生教育经费投入力度，确保各项育人工作顺利开展。

（2）师资队伍建设：加强研究生导师队伍建设，提升导师的教学水平和科研能力；同时，积极引进国内外优秀人才，充实师资队伍。

（3）设施条件改善：改善研究生学习、生活和科研条件，为研究生提供良好的学习和研究环境。

综上所述，高校在打造研究生立体育人工作网络时，需要强化党的领导与顶层设计、构建多维立体育人平台、创新育人模式与方法、完善评价与激励机制以及加强资源保障与支持。通过这些措施的实施，可以有效提升研究生的综合素质和创新能力，为社会培养更多优秀的高层次人才。

第四章 现实关切：对研究生导师育人工作难点的回应

> **内容提要**：当前，导师育人工作中在导学关系、育人过程、育人方位和育人主体方面存在着各种各样的问题。在导学关系方面，存在导学关系异化、导学需求错位、导学地位不对等、导学制度不合理的问题；在育人过程方面，存在育人场域单一、育人维度受限、育人环境封闭的问题；在育人方位方面，轻价值引领重学业指导、轻人文关怀重学业指导、轻个性化教育重一般性指导、轻协同育人重个体影响；在育人主体方面，导师育人意识和能力不足、各主体职责定位不清、研究生同辈育人功能未得到发挥。这些问题成了导师育人工作的难点，始终制约着育人工作效度。因此，导学思政工作体系的构建就是对这些工作难点做出的现实关切和回应，将体系化地破解相应工作痼疾。

第一节 研究生导师育人工作中的导学关系问题

"导学关系是研究生在导师指导下完成课程要求、进行课题研究实践、学会学术论文的撰写，并在学习过程中培养人格健全，自我发展的关系"。在研究生教育中，导学关系如同一根纽带，紧密连接着导师的"导"与学生的"学"，二者相辅相成，共同编织着知识探索与人格成长的双重乐章。这种关系，本质上是一种深度的指导与合作，它超越了单向的知识传递，成为一种双向的启迪与共鸣。

当前，受到教育评价激励机制、导师个人素质与价值观、研究生个体差异和社会环境等多方面因素影响，导学育人关系出现各种各样问题。

一、导学关系异化

所谓导学育人关系异化,是指在研究生教育中,原本以促进学生学习、成长和全面发展为目标的导师与学生之间的导学关系,逐渐偏离了其初衷和本质,变得扭曲、不和谐或不再纯粹。这种异化现象可能涉及多个方面,包括权力关系、情感交流、学术指导以及价值观认同等多个维度。

(一)权力关系失衡

在异化的导学关系中,导师可能过分强调自己的权威地位,对学生实施过度的控制或干预,导致学生缺乏自主权和创造力;同时,学生也可能因为惧怕导师的权威而不敢表达自己的观点和意见,形成了一种单向的、不平等的权力关系。这具体表现在以下几个方面。

(1)导师权威过度:导师过分强调其权威地位,可能源于对专业领域知识的自信,但也可能转化为对学生的过度控制。这种控制可能包括研究方向、研究方法、论文撰写等各个方面的严格规定,限制了学生的自主探索和独立思考能力。

(2)学生自主性受限:在导师的强势干预下,学生往往感到自己的意见和想法不被重视,甚至害怕提出不同意见而遭到批评或排斥。这种环境抑制了学生的创造力和批判性思维,使得他们更倾向于遵循导师的指示,而非主动探索和创新。

(3)沟通障碍:由于害怕导师的权威,学生可能不愿意或不敢与导师进行开放、坦诚的沟通。这种沟通障碍不仅影响了师生之间的理解和信任,也阻碍了学术研究的深入交流和合作。

(4)单向权力关系:在这种关系中,导师处于绝对的主导地位,而学生则处于被动接受的地位。这种单向的权力关系破坏了学术研究的平等性和民主性,不利于学术共同体的健康发展。

(二)情感交流缺失

导学关系不仅仅是学术上的指导与被指导,更应该是情感上的交流与支持。然而,在异化的导学关系中,导师可能过于关注学术成果和量化指标,忽视了与学生的情感交流和心理关怀。学生也可能因为学业压力或其他原因而疏远导师,导致双方之间缺乏必要的情感联系。这进而导致以下情况发生。

（1）学术动力不足：学生在追求学术目标的过程中，除了需要知识和技能的支持外，还需要情感上的激励和认可。如果导师不关注学生的情感需求，学生可能会感到自己的努力和付出没有得到足够的重视，从而影响学术动力和积极性。

（2）心理压力增加：面对学业压力和挑战，学生往往需要有人倾听他们的困惑和焦虑。如果导师不与学生进行情感交流，学生可能会感到孤立无援，心理压力难以得到缓解，甚至可能引发心理健康问题。

（3）师生关系疏离：情感交流的缺失会加剧师生之间的隔阂和疏离感。学生可能不再愿意主动与导师沟通，而导师也可能因为不了解学生的真实想法和需求而难以提供有效的帮助和支持。

（三）学术指导功利化

在功利主义的影响下，导学关系可能变得过于注重短期成果和利益交换。导师可能更看重学生的研究成果是否能为其带来荣誉或利益，而忽视了对学生学术能力和科研素养的培养。学生也可能为了获得更好的评价或资源而与导师进行某种形式的交换，导致学术研究的初衷和价值被扭曲。这具体表现在以下几个方面。

（1）过度追求量化指标：在功利化的学术环境中，导师和学生往往过分关注论文数量、引用次数、项目经费等量化指标，而忽视了研究的质量、创新性和实际价值。这种追求短期成果的心态，导致了大量低水平重复研究和学术泡沫的产生。

（2）忽视学术道德与规范：为了快速获得学术成果，一些导师和学生可能采取不正当手段，如抄袭、剽窃、伪造数据等，严重违反了学术道德和规范。这种行为不仅损害了学术界的声誉，也对学生个人的学术生涯和人格发展造成了负面影响。

（3）缺乏长远规划与深度思考：功利化的学术指导往往只关注眼前的利益，而忽视了对学生长远发展的规划和培养。导师可能更倾向于指导学生进行短期见效的研究项目，而不是鼓励他们进行具有挑战性、需要长期投入的研究。这种做法限制了学生的学术视野和创新能力的发展。

（4）学术评价体系的扭曲：功利化的学术环境往往伴随着扭曲的学术评价体系。评价标准可能过于单一和片面，过分强调量化指标而忽视研究质量；评价过程可能受到各种利益关系的干扰和影响，导致评价结果的不公正和不合理。这种扭曲的学术评价体系进一步加剧了学术指导的功利化倾向。

（四）价值观认同冲突

导师与学生之间在价值观、人生观等方面的认同差异也可能导致导学关系的异化。当双方在某些重大问题上存在严重分歧时，可能会影响到导学关系的和谐与稳定。这具体表现在以下几个方面。

（1）学术理念与目标的分歧：导师和学生可能在学术追求、研究方法和目标设定上存在显著差异。例如，导师可能更强调理论创新和社会价值，而学生可能更关注实际应用和个人职业发展。这种差异在学术指导过程中容易引发冲突。

（2）价值观取向的不同：导师和学生由于成长背景、教育背景和生活经历的不同，可能持有不同的价值观。例如，在职业道德、社会责任感、个人成就观等方面，双方可能存在明显的分歧。这些分歧在导学互动中可能表现为对同一问题的不同看法和态度。

（3）利益诉求的冲突：导师和学生都有自己的利益诉求，当这些诉求在导学关系中产生冲突时，会加剧价值观冲突。例如，导师可能希望学生投入更多时间和精力在科研上，而学生可能更关注课程成绩和就业前景。这种利益诉求的冲突可能导致双方在学术指导和学业规划上产生分歧。

（4）情感与心理需求的忽视：导学关系不仅仅是学术上的指导与被指导关系，还涉及情感和心理层面的交流与支持。当导师忽视学生的情感和心理需求时，学生可能感到被忽视或不被理解，进而对导师的价值观产生置疑或抵触情绪。

（5）沟通障碍与误解：沟通不畅或误解也是导致导学关系价值观冲突的重要原因。由于双方对问题的理解角度、表达方式等方面的差异，可能导致信息传递不准确或产生误解。这种误解可能进一步加剧价值观冲突。

（6）行为表现与期望不符：当学生的行为表现与导师的期望不符时，也可能引发价值观冲突。例如，学生可能表现出对学术研究的消极态度或缺乏责任感，这与导师对学术严谨性和责任感的期望相悖。这种行为差异可能让导师认为学生的价值观存在问题。

二、导学需求错位

导学需求错位是指在研究生教育中，导师与学生之间在导学过程中存在的需求不一致或期望偏差的现象。这种错位可能源于多种因素，包括教育目标、个人兴趣、职业规划、教学资源等方面的差异。

(一) 导学需求错位的表现

教育目标不一致：导师可能更注重培养学生的学术能力、科研素养和创新能力，期望学生能够发表高质量的学术论文或参与重要的科研项目。学生则可能更关注于完成学业要求、获得学位证书以及为未来的就业或深造做准备，对科研活动的兴趣和投入程度不一。

学习内容与兴趣不匹配：导师根据自己的研究方向和兴趣为学生安排学习内容，但这些内容可能并不完全符合学生的兴趣和职业规划。学生可能希望学习更多与未来职业相关的实用技能或知识，而非仅限于学术领域的研究。

教学方式与学习方法不适应：导师可能采用较为传统的教学方式，如讲授、讨论和实验等，但学生可能更倾向于自主学习、在线学习或项目式学习等新型学习方式。双方在教学方式和学习方法上的不适应可能导致学习效果不佳。

职业规划与学术指导脱节：导师在指导学生时可能更侧重于学术方面的指导，而忽视了学生的职业规划和发展需求。学生则可能希望导师能够提供更多的职业咨询和就业指导，帮助他们更好地规划未来。

(二) 导学需求错位成因

教育体制与培养目标的影响：高校教育体制往往强调学术成果和科研成果的产出，导致导师在指导学生时更加注重这些方面；同时，学生面临就业压力和多元化的职业选择，对学习内容和方式有不同的期望。

个体差异与需求多样性：导师和学生作为独立的个体，具有不同的学术背景、研究兴趣、职业规划等。这些差异导致双方在导学过程中存在不同的需求和期望。

教学资源与条件的限制：高校教学资源有限，可能无法满足所有学生的个性化需求；同时，教学条件的限制也可能影响导师的教学方式和学生的学习效果。

要解决导学需求错位的问题，需要高校、导师和学生三方的共同努力和协作。通过加强沟通、灵活调整教学内容与方式、强化职业规划与就业指导以及完善评价体系与激励机制等措施可以有效地缓解这一问题并提升导学关系的质量和效果。

三、导学地位不对等

谈及导学关系中的地位不对等问题，其核心往往聚焦于"导师权威的主导"与"研究生自主性的受限"，这背后隐藏着权责界限模糊的根本问题。诚然，年龄与资历的鸿沟在导师与研究生之间构成了天然界限，这是时间累积的必然结果，我们需以包容之心接受。

然而，值得深思的是，那些因期望差异、目标不一致或观念碰撞而产生的"心灵沟壑"，则完全有潜力通过真诚的对话与理解来跨越。正如社会互动理论所揭示的，无论是导师还是研究生，在教育的舞台上，他们首先是人，是拥有独特思想、情感与追求的个体。尽管"导师"与"研究生"的标签为他们在教育体系中赋予了特定的角色与责任，但这不应成为阻碍双方平等对话的壁垒。

（一）导师处于强势地位

在高等教育环境中，导师的显著影响力体现为高度的"权威构建"及对学术科研领域的全面"引导与监管"。部分研究生反馈，导师展现出"自我正确性绝对化"的倾向及"强烈的掌控欲"，形成了一种不容置疑的权威氛围。更有甚者，个别导师利用其职位优势，单方面决定研究生的学术路径，忽视了学生个人研究兴趣与志向。导师强势比较常见的表现形式有以下几个方面。

（1）自我中心与绝对权威：部分导师倾向于认为自己的观点总是正确的，不容置疑，这种自我中心的态度导致他们在学术指导中缺乏开放性和包容性，限制了学生的独立思考和创新能力。

（2）过度控制与干涉：导师对学术科研的方方面面进行严格控制，甚至延伸至学生的私人生活，如要求学生详细汇报日常行动，这种行为严重侵犯了学生的个人隐私和自主权。有学生直言："我与导师的关系近似于职场中的上下级，日常活动仿佛遵循着严格的上班下班制度，其间压力巨大，感受到强烈的压迫感。更有甚者，我们学院有位教师，对学生的实验活动事无巨细地过问，甚至包括私人事务也要求学生汇报。"

（3）忽视学生兴趣与人格尊严：将学生视为廉价劳动力，无视其个人兴趣和职业规划，导致学生在学术研究中缺乏动力和热情，同时也伤害了学生的自尊心和人格尊严。

这些现象的背后，折射出部分导师不仅道德观念有待提升，还深受企业化管理思维的影响，将研究生视为下属或低成本劳动力，而非具有同等人格尊严的个体,其行为透露出功利与自私的色彩。导师的这种视角,实质上是将他人视为实现个人目标的工具,忽视了应有的人文关怀与尊重,最终导致了导学关系的异化与扭曲。究其根源,此类现象的产生往往源于导师对"导师责任制"的片面理解,即过分强调权力的赋予,而忽视了伴随而来的责任与义务,进而演变出"强势"的导师形象。诚然,导师因其在知识、经验上的深厚积累而享有崇高的师道尊严,理应受到尊重,但若将这种尊严异化为过度的控制与绝对的权威,则构成了师德层面的偏差。

因此,导师群体需深刻反思,如何在"引导学生自发尊重"与"维护个人权威"之间找到合理的平衡点,通过提升教育智慧,构建基于相互尊重与理解的导学关系。这不仅是对学生个体发展的尊重,也是高等教育质量提升与师德建设的必然要求。

(二)研究生积极性减弱

导学关系的良好互动与和谐构建,是一个双向互动、共同促进的过程,既需要导师的积极投入与引导,也离不开研究生的主动响应与正面反馈。然而,现实中存在部分研究生表现出"缺乏主动性""沟通障碍"及"理解不足却不敢询问"的现象,这在一定程度上阻碍了导学关系的顺畅发展。有导师反映:"与学生见面频次有限,往往是因工作需要才联系,尤其是非全日制学生,其学习态度与积极性普遍较低,双方交流存在显著障碍。"与此同时,研究生也坦言:"我通常不主动找导师,除非导师主动找我,日常见面也缺乏亲密互动。"

这种反馈的被动性往往导致导师在指导过程中的关注度降低,进而影响了导学关系的深入发展与和谐氛围的营造。研究生对与导师交流的畏惧心理,既可能源于个人性格特质,也可能受到长期以来"导师主导,学生被动"教育模式的惯性影响。但更为深层的原因在于,研究生对于自身在教育教学过程中的主体地位、权利、责任及利益认知不足;同时,相关制度的不健全也加剧了他们在导学关系中的弱势地位。

因此,要促进导学关系的和谐构建,需从多方面着手:一是加强研究生的自我认知教育,明确其在研究生培养过程中的权利与责任,提升学习的主动性和积极性;二是完善相关制度设计,确保研究生在导学互动中的权益得到保障,减少因制度缺陷导致的不平等现象;三是导师应主动调整指导策略,营造开放、包容的交流环境,鼓励学生表达想法与疑问,共同推动导学关系的良性发展。

值得注意的是，导学之间，无论外界赋予的身份如何不同，内心深处都应秉持着相互尊重、平等交流的原则。这意味着，导师应以开放的心态倾听研究生的声音，理解他们的困惑与追求；而研究生也应勇于表达自己的见解，积极寻求与导师的共鸣与共识。构建和谐导学关系的关键在于，双方能够超越表面的身份差异，以平等的人格为基础，建立起基于相互理解、尊重与支持的沟通桥梁。在这样的氛围中，导师的引导将更加富有成效，研究生的成长也将更加自主而全面。如此，导学之间那道看似不可逾越的鸿沟，便能在双方共同努力下，化作促进彼此成长与进步的坚实桥梁。

四、导学制度不合理

在研究生教育体系中，对于研究生的培养质量及其与导师间关系的构建，学校与导师均承担着核心责任。具体而言，学校应当积极创设并维护一个有利于研究生全面成长的制度框架与学术氛围，以此作为支撑其个人发展的坚实基石。这一举措不仅体现了学校在人才培养上的前瞻性规划，也彰显了对于优化师生关系、促进学术传承与创新的深刻理解与实践。通过制度层面的不断完善，学校能够更有效地引导研究生在知识探索与技能提升上取得长足进步，同时促进与导师间建立基于相互尊重、信任与合作的良性互动关系。笔者通过前面的访谈和问卷调查，发现各研究生培养单位的导学制度均存在不同程度的问题，其中最明显的是"导生匹配机制缺乏灵活性""导学责任制落实不到位"和"导学比例失衡"问题。

（一）导生匹配机制缺乏灵活性

当前，我国研究生教育基本形成了单导师制、双导师制、导师组为主要形式的导师培养制度。所谓单导师制度，是由一位导师负责研究生的学习、科研、品德及生活等各方面进行个别指导并全面负责的教学管理制度，是我国学术学位研究生是长期坚持的主要培养方式。所谓双导师制，有广义与狭义之分，广义的"双导师制"是指两个以上单位（高校、企业、科研机构等）的导师共同培养人才，狭义的"双导师制"是指校内外导师联合培养研究生。导师组制，即研究生指导小组，一般以指导教师为主，确定小组成员，各成员在研究生培养过程中分工负责、取长补短、相互配合，共同指导。双导师制和导师组制主要适用于我国专业学位研究生培养领域。2020年9月，我国教育部联合国家发改委、财政部印发《关于加快新时代研究生教育改革发展的意见》，提出"大力发展专业学位研究生教育"①。同年9月底，国务院学位委员会、教育部印发《专业学位研究生教育发展方案（2020—2025）》，明确指出"鼓励各地各培养单位设立'行业产业导师'，健全行业产业导师选聘制度，构建专业学位研究生双导师制"②。因此，我国专业学位研究生正由单导师制逐渐向双导师制、导师组制发展。

我国研究生导师培养制度已逐步丰富完善，弥补了以往培养方式单一、脱离社会需求的不足。但是值得注意的是，导学双向匹配机制的灵活度还有待提高。有的研究生在入学之初便需选定导师，但随着学习深入，若学生发现个人研究兴趣与导师的研究方向不匹配，或性格不合，申请更换导师便成为一项复杂的任务，往往遭遇诸多不便。反观导师方面，对新加入的研究生，其学习兴趣的深度与广度、个性特征等方面也可能存在认识不足的问题，这在一定程度上影响了师生间的有效沟通与协作。在导师与学生的双向选择过程中，现有的机制往往缺乏对学生全面而深入的评估环节，导致导师在初期难以准确把握学生的综合情况；同时，当需要调整导师关系时，高校普遍缺乏一套公开、透明且操作性强的更换导师机制，使得这一过程充满不确定性，增加了学生的困扰。

当前的导师指导方式仍以单一导师制为主，难以满足研究生培养过程中日益多样化的需求。部分导师因指导任务繁重，可能无法给予每位学生充分的时间和精力，导致指导效果参差不齐，甚至出现"缺位"或"不到位"的现象。更为关键的是，单一导师的指导模式可能限制了研究生的学术视野拓展和创新思维发展，不利于其全面成长。

为此，高校应积极实践与推广多元化的导师指导模式，以弥补单一导师制的不足；同时，完善导师与学生之间的互选机制，加强对学生全面素质的考查，确保师生关系的和谐与高效。此外，还应建立健全的更换导师机制和导生关系调节制度，为研究生提供更加灵活、便捷的学习与发展环境。最终，通过不断优化研究生教育体系，使人才培养与市场需求实现更加紧密的对接，为社会输送更多高素质、具有创新精神的优秀人才。

---

① 教育部，国家发展改革委，财政部关于加快新时代研究生教育改革发展的意见［EB/OL］. http://www.gov.cn/zhengce/zhengceku/2020-09/22/content_5545939.htm，2020-09-04/2024-06-14.

② 国务院学位委员会，教育部关于印发《专业学位研究生教育发展方案（2020—2025）》的通知［EB/OL］. http://www.moe.gov.cn/srcsite/A22/moe_826/202009/t20200930_492590.html，2020-09-25/2024-06-14.

（二）导学比例失衡

早在 2006 年，有学者对研究生"生师比"做过相关调研分析，研究得出"目前我国人文社科、理科、工科、经济管理和术科的硕士研究生教育的实际生师比分别为 26.40：1、22.68：1、24.55：1、26.53：1 和 11.68：1，各科类平均生师比为 23.92：1。人文社科、理科、工科、经济管理和术科五个科类应然的硕士研究生教育生师比分别为 7.86：1、7.14：1、8.91：1、8.53：1 和 4.85：1，总的五科类合计合理的生师比是 7.77：1"[①]。随着 20 余年的发展，我国高校研究生导师队伍和招生规模都呈现增长，但总体上导师队伍数量的涨幅远小于研究生招生规模的涨幅，导致如今我国仍有相当的高校存在生师比失衡问题，特别是在硕士研究生的培养阶段。这在笔者对 S 省 C 市 5 所高校的问卷调查和访谈中得到了印证。例如，在 C 市的 A 高校中，人文社科类硕士研究生生师比是 23.6：1，理工类硕士研究生生师比是 20.5：1。

导学比例失衡对研究生思政工作的影响也是明显的，主要表现在以下几个方面。

（1）育人质量下降：当师生比例过高时，每位导师需要负责的学生数量增多，导致导师难以充分关注每位学生的学习进展和个性化需求。这会影响导师提供指导的深度和质量，进而影响学生的立德树人效果。

（2）学生发展受限：导学比例失衡限制了学生在学术、科研、创新等方面的深入发展。因为导师资源有限，学生可能无法获得足够的指导来挖掘、实现自我全面发展，也无法激发自身的才能和潜力。

（3）师生关系疏远：高师生比使得导师与学生之间的交流和互动机会减少，可能导致师生关系变得疏远。这种疏远感不仅影响学生对导师的尊重和信任，还可能影响学生的学习动力和积极性。

（4）学生满意度下降：学生对导师指导质量的期望往往很高，而导学比例失衡可能导致他们感到被忽视或没有得到充分的关注，也会难以及时发现学生困难并提供有效帮助，影响学生对导师育人工作的满意度。

（5）育人成本增加：尽管导学比例失衡看似可以通过增加导师数量来解决导师力量不足的问题，但这会增加高校的育人成本。高校需要投入更多的资金来招聘和培养合格的导师，同时还需要为这些导师提供相应的教学培训和科研设施。这些额外的成本可能会对高校的经济状况造成压力。

[①] 施华昀. 我国高校硕士生教育的生师比问题研究 [D]. 厦门：厦门大学，2006.

因此，各高校（院、所）应该高度重视这个问题，并采取措施来优化师生比例、提高育人质量、促进学生全面发展。

第二节　研究生导师育人工作中的育人过程问题

作为一个系统全面的教育过程，导师思政育人过程贯穿于学生学术成长和人格塑造的始终。在这个育人过程中，由育人的阶段、场域、维度、环境等因素共同组成。当前，我国高校研究生导师育人工作在育人过程方面存在以下问题。

一、育人场域单一

育人场域是由教育工作者、受教育者以及各种教育资源、教育环境等要素构成的一个复杂系统。它强调在教育过程中，各种要素之间的相互作用和相互影响，共同促进学生的成长和发展。育人场域不仅关注知识的传授，更注重学生综合素质的培养和能力的提升。

（一）导师育人场域的内涵

导师思政育人场域是一个复杂而多维的概念，涉及导师在思想政治教育过程中所扮演的角色、所采用的策略以及所营造的环境等多个方面内容，主要由研究生导师、学生、教育资源、教育环境等要素构成，旨在促进研究生全面发展、实现教育目标的综合系统。这个系统不仅关注知识的传授，更注重研究生综合素质的培养、能力的提升以及人格的完善。它具有如下特点。

（1）多元性：包含了多种教育资源和教育环境，如课堂教学、实践教学、校园文化、社团活动、心理咨询等，这些资源和环境共同作用于学生，形成多元化的教育合力。

（2）系统性：作为一个整体系统，各个部分之间相互联系、相互依存，共同构成一个完整的教育生态系统。这个系统通过各种教育活动和手段，实现对学生全面发展的支持和促进。

（3）动态性：场域中的各种要素和关系都是不断变化的，需要导师根据实际情况灵活调整教育策略和方法，以适应学生成长和发展的需求。

导师在思政育人过程中扮演着引领者的角色，他们需要引导学生树立正确的世界观、人生观和价值观，帮助学生明确人生目标和方向；导师的言行举止对学生具有深远的影响，需要导师以身作则，通过自己的实际行动为学生树立榜样；需要针对学生的不同特点和需求，提供个性化的指导和帮助，帮助学生解决在学习和生活中遇到的问题和困惑。

（二）导师育人场域的现实问题

当前，导师育人场域在实际工作中存在的问题主要体现在以下几个方面：

（1）场域定义狭窄。目前，许多高校和研究生导师在育人过程中，往往将育人场域局限于课堂和实验室等传统教学空间，忽视了其他潜在的育人场域，如社会实践、校园文化活动、科研合作项目等。

（2）资源利用不充分。高校各类教育资源充分，除了传统的师资力量和教学设施外，还拥有丰富的校内场馆、校友网络、行业合作等资源，这些资源在导师育人过程中没有得到充分的挖掘和利用。

（3）育人方式单一。由于育人场域的限制，导师在育人过程中可能采用较为单一的教学方式和方法，如讲授式、实验式等，而忽视了其他有效的教学方式，如讨论式、案例式、项目式等，这不利于培养学生的创新思维和实践能力。

导师育人场域是促进导师落实"第一责任"职责和助力学生全面发展的重要平台。面对当前育人场域单一的问题，各高校（院、所）应当拓展育人场域、充分利用各类资源、创新育人方式、加强导师队伍建设，构建一个有利于研究生成长和发展的育人场域。

二、育人维度受限

导师育人维度是一个多维度的概念，它在应然意义上涵盖学术指导、人生发展、综合素质提升和个性化指导等多个方面内容。导师在育人过程中应全面关注学生的成长和发展需求，从多个维度入手，促进学生全面发展。

（一）导师思政育人的应然维度

在思政育人工作领域，导师思政育人工作在理论上应当从理论传授、实践教学、心理疏导、科研创新以及网络环境与文化建设等多个维度进行展开和实践，以确保思政教育工作的全面性和有效性。

1. 理论传授与引导

(1) 系统理论教育：导师应深入理解和掌握马克思主义基本原理及其中国化的最新成果，通过课堂教学、专题讲座等形式，系统地向学生传授思政理论知识。

(2) 价值观塑造：引导学生树立正确的世界观、人生观和价值观，培养学生的社会责任感和使命感，使他们在思想上与党和国家保持高度一致。导师要将思政理论与现实生活中的热点问题、学生关注的实际问题相结合，提高理论的针对性和吸引力；运用生动的案例进行剖析，加深学生对思政理论的理解和认同。

2. 实践教学与体验

(1) 社会实践：组织学生参与社会调查、志愿服务、红色旅游等活动，让学生在实践中体验思政教育的魅力，增强社会责任感和公民意识。

(2) 专业融合：将思政教育与专业学习相结合，利用专业领域内思政元素开展思想教育，实现知识传授与价值引领的有机结合。导师要设计具有思政教育意义的实践项目，让学生在完成项目的过程中受到思政熏陶；与企业建立合作关系，为学生提供实习实训机会，让学生在工作实践中感受企业文化和社会责任。

3. 心理疏导与关怀

(1) 关注心理健康：导师应关注学生的心理健康状况，及时发现并帮助解决学生的心理问题。

(2) 人文关怀：在思政教育过程中融入人文关怀元素，关注学生的成长需求和生活状况，给予必要的关心和支持。导师要建立导学之间的定期沟通机制，了解学生的思想动态和心理变化，为学生提供心理咨询服务或引导学生寻求专业心理咨询师的帮助。

4. 科研创新与拓展

(1) 科研育人：鼓励学生参与思政相关的科研项目或课题研究，培养学生的科研能力和创新精神。

(2) 学术交流：组织学生参加学术研讨会、论坛等活动，拓宽学生的学术视野和思政思维。导师搭建学生科研创新平台或组建科研团队，为学生提供良好的科研环境和资源支持；设立思政科研奖励机制，激励学生积极参与科研活动并取得优秀成果。

5. 网络环境与文化建设

（1）网络思政：利用互联网和新媒体技术开展思政教育工作，增强思政教育的时代感和吸引力。

（2）校园文化建设：加强校园文化建设，营造积极向上的校园文化氛围，为学生提供良好的成长环境。

导师要利用思政网站、微信公众号等网络阵地，结合思政文章和时事评论，组织开展各类文化活动如文艺晚会、演讲比赛等，丰富学生的课余生活并加强思政教育。

（二）导师思政育人的实然现状

当前，我国高校研究生导师育人工作存在不同程度的维度局限的问题，主要表现在以下几个方面：

（1）精力分散与关注不足。导师在面对繁重的科研和教学任务时，往往难以分配足够的时间关注学生的个性化需求和全面发展。双方交流可能仅停留在表面，缺乏深入的心灵沟通和思想碰撞。

（2）评价标准单一与主观性强。育人工作的评价标准往往侧重于可量化的指标，如论文发表数量、获奖情况等，而忽视了学生的综合素质和长期发展。评价过程中可能存在主观偏见，导致部分学生的努力和成长得不到应有的认可。

（3）育人机制僵化与缺乏灵活性。现有的育人机制可能过于僵化，缺乏灵活性，难以适应不同学生的需求和特点。在资源有限的情况下，部分学生可能难以获得足够的支持和帮助，导致育人效果不佳。

（4）忽视个体差异与多样性。育人工作往往采用"一刀切"的方式，忽视了学生的个体差异和多样性需求，未能针对学生的具体情况制定个性化的培养方案，导致学生在某些方面得不到充分的发展。

（5）缺乏系统性与连续性。育人工作往往被分割成孤立的环节，如入学教育、中期考核、毕业答辩等，缺乏系统性和连续性。在学生成长的关键时刻，面临的如心理困惑、职业规划等问题，可能缺乏及时的指导和支持，导致出现断点现象。

（6）理论与实践脱节。部分导师过于注重理论知识的传授，而忽视了实践能力的培养和锻炼，学生在课堂上学到的知识难以应用到实际生活中去，导致理论与实践脱节。

（7）忽视心理健康与情感关怀。在高压的学习环境下，学生的心理健康问题日益凸显，但部分导师可能忽视了这方面的关注和干预。导师与学生之间的情感交流不足，导致学生在遇到困难时缺乏必要的情感支持和安慰。

当然，导师育人维度受限的体现远不止以上七个方面，要克服这些局限，需要不断探索和实践更加科学、有效的育人方式和方法。

三、育人环境封闭

导师思政育人环境是一个多维度、多层次的概念，它涉及导师在思想政治教育过程中所处的各种环境因素，以及这些因素如何共同作用于导师的育人工作。

（一）导师思政育人环境的构成

导师思政育人环境是指导师在进行思想政治教育、培养学生思想品德导师育人环境的内涵和综合素质的过程中所处的各种外部条件和内部氛围的总和。这些环境因素既包括宏观的社会环境、政策环境，也包括中观的学校环境、学科环境，以及微观的师生关系、教学氛围等。

（1）社会环境：包括社会价值观、政策法规、文化氛围等宏观因素。这些因素为导师思政育人提供了宏观背景和导向。

（2）学校环境：包括学校文化、办学理念、学科特色、教学资源等中观因素。这些因素直接影响着导师的育人工作和学生的成长发展。

（3）师生关系：良好的师生关系是导师思政育人的重要基础。导师应与学生建立平等、尊重、信任的关系，关注学生的成长需求和心理变化。

（4）教学氛围：积极向上、充满活力的教学氛围能够激发学生的学习兴趣和创造力，促进思政教育的深入开展。

（二）导师育人环境封闭的体现

在导师思政育人工作中，存在的育人环境封闭问题主要是由于各种因素导致的教育环境相对封闭，限制了思政教育资源的有效整合、思政教育方法的创新以及师生之间的深入交流。这主要体现在以下几个方面。

（1）资源获取受限：在封闭的思政育人环境中，学生可能无法接触到多样化的思政教育资源和案例,导致对思政知识的理解和应用存在局限性。

(2)教学方法单一:部分导师可能过于依赖传统的讲授式教学,缺乏对学生主体地位的尊重,导致思政教育缺乏互动性和创新性。

(3)师生交流不足:封闭的环境可能限制了师生之间的深入交流,使得导师难以及时了解学生的思想动态和困惑,从而无法提供有针对性的指导和帮助。

这封闭的育人环境对导师思政育人工作的负面影响是明显的。一方面,限制了学生的视野和思维方式,使其难以形成全面的世界观和价值观;同时,也可能削弱学生的社会责任感和使命感,影响其未来的成长和发展。另一方面,也使导师难以跟上时代步伐,了解最新的思政教育理念和方法。此外,缺乏与学生的深入交流也可能导致导师对学生思想动态的把握不准确,从而影响思政教育的针对性和实效性。

第三节 研究生导师育人工作中的育人方位问题

作为一个综合性概念,导师思政育人方位涵盖了导师在思想政治教育过程中所关注的多个方面和维度。在学术科研层面,进行学术价值引领和科研实践结合;在个人生活层面,进行情感交流、人文关怀、人格塑造和价值观引导;在职业发展层面,进行就业方向与价值选择引导、科研思维与创新思维培养。通过在这些方面的全面关注和引导,促进学生的全面发展和成长成才。但在实际工作中,育人方位出现各种问题。

一、轻价值引领重学业指导

2016年,南京师范大学耿红老师在对南京市部分高校的500名研究生进行问卷调查发现,65%的研究生认为导师在学习研究上的帮助很大,但在思想政治教育上不容易得到指导。2020年,东北师范大学刘志教授在对55名研究生深度访谈的基础上发现,部分师生之间关系紧张,存在认识上的误区。时隔今日,在笔者的调查S省C市5所高校导师育人工作现状时也发现了同样问题,如调查显示:与互动过程中主动找自己学生的导师仅有32.76%;不正确地认为自己与导师是老板雇员关系的学生占比却高达68.47%。

在当今的教育舞台上,众多导师往往倾向于采取一种较为单一的学术视角，他们的目光紧紧锁定在研究生的学术成就与科研硕果之上。这种倾向体现在对学生科研项目参与度的严格把控，以及对论文发表数量的不懈追求上。导师们投入了大量的时间与精力，精心策划课堂教学、细致设计实验方案，并致力于推动学生论文的发表，每一步都力求完美。

这种强烈的学术导向在促进科研发展的同时，也悄然滋生了一种"重使用、轻培养"的现象。部分导师在人才培养的过程中，不自觉地将研究生视为科研任务的"执行机器"，而忽视了他们作为独立个体全面发展的需要。这种倾向在理工科领域尤为明显，研究生们更倾向于以"老板"这一称呼来指代导师，这背后折射出的是导师对学生科研产出效率的过分强调，以及对他们心灵成长和思想建设的忽视。

更令人忧虑的是，一些导师在思想政治教育方面的缺席与淡漠。他们不仅自身不积极参与研究生的思想政治教育活动，反而以科研任务繁重为借口，限制学生参加这些对他们成长至关重要的活动。这种做法无疑削弱了思想政治教育对研究生的正面影响，使得这一重要环节在研究生培养体系中变得边缘化。在研究生漫长的学习旅程中，从基础理论知识的扎实积累，到科研实践能力的不断提升，再到最终论文的精心撰写与发表，每一步都离不开导师的辛勤付出与悉心指导。然而，在这一过程中，对于研究生思想价值观念的塑造与引领，却显得相对滞后与薄弱。导师们往往将更多的时间和精力投入科研指导之中，而对于学生思想状态的关注、道德品质的培养则显得力不从心。在与研究生的深入交谈中，我们听到了这样的心声："导师最常关心的总是我的小论文进展、毕业论文的构思以及实验数据的分析，而对于我的内心世界、道德品质的成长则鲜少过问。"还有学生感慨道："与导师的交流大多局限于微信上的学业探讨，其他方面的沟通几乎为零，这让我感到有些孤独。"这些话语不仅反映了研究生在思想价值引领方面的渴望与需求，也揭示了当前研究生教育中存在的科研指导与价值引导之间的不平衡。

因此，我们有必要对当前的研究生教育理念进行深刻的反思与调整。作为教育工作者，我们应当认识到科研指导与价值引领的同等重要性，努力实现二者的有机结合与相互促进。只有这样，我们才能为研究生的全面发展提供更加坚实的支撑与保障，培养出既有深厚学术造诣又具备高尚道德情操的优秀人才。

二、轻人文关怀重学业交流

人文关怀实质是价值关怀，思想政治教育与人文关怀的结合是研究生思想政治教育发展的现实需要，是关于思想政治教育的新理解。随着社会的发展和进步，社会压力不断增加，研究生作为高层次的专门人才，在科研、生活、情感、就业等方面的压力会更大，面临着身体和心理的双重挑战。导师肩负立德树人职责，在学业指导的同时，负有对研究生日常生活给予人文关怀的责任。面对研究生的压力和心理问题，导师如果对此漠不关心，不能提供应有的帮助，将会严重影响研究生的心理情绪和精神状态，势必影响科研任务的完成，甚至会发生极端事件。

在导生关系上，据调查显示，59.7%的研究生与导师关系融洽，36.3%的研究生与导师关系平淡，有超过50%的研究生把导学关系恶化归因于导师自身，如"导师除了安排科研任务外，根本不关心学生"。部分导生关系仍存在问题，矛盾依然存在，这就导致两者缺乏沟通交流，不少研究生表示一月才与导师交流一次，如此低频率的交流带来的是双方的陌生感，导师对研究生的关心关爱也就失去了基本的时间保证和情感交流障碍。有的理工科研究生需要每天到实验室打卡上班，虽然见导师的机会增加了，但主要是关于做实验的交流，缺乏心理上的沟通。

在心理健康教育方面，多数导师认为研究生心理健康应该配合好辅导员、心理咨询教师做好相关工作，导师只需要担负一定程度的责任。虽然研究生的心理问题不能完全归责于导师，但个别导师态度冷漠甚至专横粗暴，是导致研究生出现心理问题的重要原因。由于部分导师没有接受过系统的心理学培训，没有相应的资格和能力，在做心理健康教育时显得有心无力；同时，导师自身任务就比较重，尤其面对学生毕业论文相关事宜，很可能自己已经出现了心理问题，更无暇顾及研究生的心理状况了。此外，一些导师和研究生平时沟通交流少，很难看出来学生是否有心理问题，不能及时把握学生心理状况，在研究生产生偏激行为时就无法用科学的方法加以引导和规范。

在关心就业和职业发展上，导师能够为研究生提供力所能及的职业支持。据调查显示，71%的研究生表示导师能够为职业生涯提供中肯的建议，仍有29%表示不太符合实际情况。多数导师在与研究生确立师生关系的同时，就会及时询问研究生的未来发展意向，并有针对性地提出自己的建议，帮助他们及早做好准备，保证职业生涯的顺利展开。当然，也有部分导师在就业观引导上出现功利化倾向明显。少数导师过分强调追求物质利益的回报，引导鼓励学生片面追求高薪职业，甚至用高物质回报吸引学生继续读博深造。

在对研究生的访谈中，当问到"导生之间是否关系密切""导师是否对日常生活比较关心"等问题时，有研究生回答道："如果我和导师说生活中有什么困难，心理上有什么波动，导师会给我一定的帮助。但是，一般导师很少主动询问我的生活状况，在学术、科研的交流之余偶尔会聊几句生活，但是并不深入，也没有什么实质性的做法。"这也进一步说明导师对研究生的人文关怀还不够，更多是在学术指导的"休息时间"简单询问，涉及思想、心理、家庭等内容不多，实际人文关怀作用不明显。部分导师既不能充分履行思政教育职责，也不能充分平衡情感、心理、职业发展等方面与学术表现之间的关系。

三、轻个性化教育重一般性指导

当前，研究生招生规模不断扩大、群体构成结构日益复杂，这使得内部成员的个性化特点日益凸显。研究生群体中有年龄大小的不同、参与工作情况的不同、婚姻状况的不同等，个体差异较为明显，这就要求研究生思想政治教育工作必须注重针对性、因人而异、有的放矢才能真正达到教育人、塑造人、培养人的目的。但是，导师更多的是以共性教育为主，对研究生的个性化教育相对缺失，把导师组团队的研究生当作一个整体对待，忽视内部个人的层次性、差别性。在日常教育培养中，用同样的育人内容、方法、载体来开展工作，难以做到因时而进、因事而化、因势而新。例如，一些已婚的研究生更易面临家庭的压力、一些相对内向的研究生就更易产生心理问题、一些科研水平较低的研究生更易产生师生矛盾、博士研究生相比于硕士研究生就更易产生科研压力。导师只是根据相关文件要求，定期开展统一的理论学习、实践锻炼，工作还只是停留在育人的表面，不能深入学生中，掌握每一个研究生的思想特点、心理状态，开展工作就没有针对性、有效性。在对研究生的访谈中，有研究生表示，"我们要开展理论学习一般就是以导师组为单位，统一开展，本身导师比较忙，单独和导师交流学习的机会比较少。"还有研究生表示，"导师对我了解比较少，更多是几个同学一起和导师见面。"调查结果显示导师育人工作中存在轻个性化教育、重一般性指导的现象，对研究生个体的特点并不了解，也很难有针对性地开展教育引导。

四、轻协同育人重个体影响

育人工作的系统性和复杂性决定了导师不可能"单打独斗",必然要和其他育人主体之间紧密协作,在各司其职、互相配合中发挥育人合力。但在实际工作中,研究生导师存在重视个人的影响教育而轻视与其他育人主体之间的协同,导师与辅导员虽有共同的育人目标但育人合力尚未形成。据调查显示,45.4%的辅导员和69.7%的导师每学期双方交流的次数在5次以下。导师主动与辅导员沟通研究生思想政治教育的仅有17.4%,绝大多数的导师选择"有问题时愿意参与研究生教育管理工作,其他时间相对不太关注"。如访谈中的研究生表示,"导师比较固定,而辅导员变换比较快。辅导员的具体工作安排导师一般是不清楚的,偶尔导师会询问我们会举办什么活动,导师和辅导员之间应该还缺乏直接的沟通交流"。由此看出,导师与辅导员之间关系更多的是处在"平时交流少,有事才沟通"的状态,在合力育人的积极性和主动性上还有很大的提升空间。合力育人工作仍需进一步完善。此外,导师与研究生党支部协同育人发挥不足。从对党支部设置来看,主要包括班级、实验室以及年级党支部。在部分理工类专业中会设置实验室党支部,导师能够直接参与研究生党建工作,其他两种党支部设置形式都一定程度上缺乏对导师的党建作用的考虑,使导师的优势没有充分的体现。有调查显示,69%的研究生表示导师没有参加党建相关工作,一些辅导员也表明,导师很少参与研究生党建工作。一些导师自身工作压力大且并非党员身份,就会认为党支部需要并能够发挥出应有的"战斗堡垒"的作用,承担起育人的责任,自己就无须再过多参与其中。

第四节 研究生导师育人工作中的育人主体问题

一、导师的育人意识和能力不足

1963年出台的《高等学校培养研究生暂行办法》中将导师职责聚焦于业务指导和知识传授上,1986年后才逐步强调导师的教书和育人的两大职责。但在较长一段时间内,国家文件更强调"建立科学研究为导向的导师负责制",直到《教育部 国家发展委 财政部关于深化研究生教育改革的意见》教研

〔2013〕1号文件中才进一步明确"构建以研究生成长成才为中心的培养机制"。由此,一部分导师由于受之前相应文件规定和传统思想观念的影响,在"经师"和"人师"的定位上存在偏颇。部分导师在心理上不完全接纳第一责任人的职责,片面地将自己的职责简单地定位为学术指导和科研训练,认为不包含思想价值引导的部分。有的导师坚持"无用论",认为研究生思想已经是成年人并且在本科阶段接受思想政治教育的过程中已经形成了完整的思想价值观念,世界观、人生观、价值观趋于稳定,因此再教育的价值不大。还有部分导师坚持"无暇论",认为自己已经很繁忙了,没有时间精力管思想政治教育方面的事情,让研究生自我发展就可以。诸如这些"能不能教育""需不需要教育"等基本问题还未形成共识。具体到导师个体就表现为对自身育人作用的定位不清晰。

二、工作主体间的职责定位不清

开展研究生思想政治工作就要整合各个育人主体的育人力量,确立各主体全面联动机制,共同助力研究生的成长成才。导师、思政课教师、学校政工部门都共同承担着育人的神圣使命。多育人主体之间不是"各自为战",而应该相互配合和补充,在构建协同育人体制机制的基础上,努力达到资源联动、优势互补、内容共通、方法共享的实际效果。但在实际开展过程中,导师与其他育人主体之间的协同还不够。

高校缺少整体性布局影响育人合力。高校在合力育人工作上出现了多部门管理以及职责归属不清晰的问题。当前,研究生思想政治工作多由高校"一把手"负总责,研工部门具体负责实质性工作。导师属于研究生院和教师工作部门以及其所属的学院及科研单位负责管理;辅导员一般由研工部及所属院系管理;思政课教师则多是由马克思主义学院教师担任。总体上看,管理归口大有不同,各育人主体之间要形成统一的目标、内容就存在管理上的难度。同时,相关文件规定导师负有立德树人职责,辅导员有思想政治教育的职责,思政课教师也具有课程育人的使命,这就使得多方的职责归属相对模糊。特别是针对研究生思想政治教育中的部分问题属于各主体管理的"公共区域",如研究生日常生活中存在心理压力,产生心理问题。导师、辅导员和思政课教师容易出现权责界定不清的问题,极大地限制了多方主体工作的积极性和主动性,影响育人合力的形成。各育人主体之间的沟通交流仍缺乏。导师自身科研任务重,没有更多时间思考交流的问题,同时各主体之间也隶属于不同的主管部门,一般属于"就事论事",导师除了有事需要找辅导员、思政课教师以外,缺乏常态化交流,缺少寻求合力育人的系统性思考。导师本身在学术领域具有较高成就,本身具有极高的权威性,而辅导员多为硕士或博士担任,甚至还有部分高年级学生兼任,两者的身份存在一定的"不对等",导致辅导员也不敢提出导师的问题。此外,辅导员流动性较大,可能导师还没有及时建立良好的沟通,就需要重新认识熟悉新的辅导员,这些都在一定程度上阻碍导师与辅导员之间的沟通交流。

三、研究生同辈育人功能未发挥

(一)研究生同辈育人功能

在研究生教育中,学生主体在思政工作中的育人作用是研究生教育体系中不可或缺的一部分,这对于培养具有高尚道德情操、坚定理想信念、强烈社会责任感和创新精神的高素质人才具有重要意义。学生主体在同辈效应中的作用是明显的,同辈育人不仅能促进研究生自身的全面发展,为周围同伴树立了榜样,推动了整个社会的文明进步。

1. 自我教育与自我提升

(1)主动学习:在思想政治教育中,研究生通过主动学习马克思主义理论、中国特色社会主义理论体系等,不断提升自己的政治素养和理论水平,形成正确的世界观、人生观和价值观。

(2)自我反思:在思政教育中,研究生通过参与讨论、撰写心得等方式,对自己的思想、行为进行深刻的自我反思,从而发现问题、改正错误,实现自我提升。

2. 榜样示范与引领

(1)学术道德示范:研究生在科研活动中,严格遵守学术道德规范,抵制学术不端行为,为低年级学生和同行树立了良好的榜样。

(2)社会责任感引领:研究生通过参与社会实践、志愿服务等活动,积极履行社会责任,传递正能量,引领周围人共同关注社会问题,参与社会建设。

3. 团队协作与领导力培养

(1)团队协作:在思政教育中,研究生往往需要参与小组讨论、团队项目等活动，这些活动有助于培养他们的团队协作能力，学会在团队中发挥自己的优势，同时尊重他人的意见和贡献。

（2）领导力培养：在团队中，研究生有机会担任组长、负责人等职务，通过组织活动、协调资源等过程，锻炼自己的领导力，为将来走向社会、承担更大责任做好准备。

4. 创新意识与创新能力培养

（1）创新思维激发：思政教育不仅仅是知识的传授，更是思维的启迪。在思政课堂上，研究生通过参与案例分析、问题讨论等环节，激发自己的创新思维，学会从不同角度思考问题。

（2）创新能力提升：在思政教育实践中，研究生将所学知识应用于解决实际问题，通过创新性的方法和手段，提升自己的创新能力，为未来的科研和工作打下坚实的基础。

5. 文化传承与国际视野拓展

（1）文化传承：思政教育承载着传承中华优秀传统文化的重要使命。研究生在思政学习中，深入了解中华文化的精髓和魅力，增强文化自信，为传承和弘扬中华文化贡献自己的力量。

（2）国际视野拓展：在全球化的背景下，思政教育也注重培养研究生的国际视野。通过了解世界各国的政治、经济、文化等状况，研究生能够更好地适应国际环境，为参与国际竞争和合作做好准备。

（二）研究生同辈相关问题

在应然意义上，研究生同辈之间应有以上育人功能，但在实际工作中，研究生同辈间交流互动不足、同辈榜样作用不明显、同辈互助氛围缺失、同辈育人活动参与度低、同辈间学术合作与分享不足、同辈间情感支持缺失等，导致同辈育人功能并未得到发挥，让导师思政育人工作缺少了重要的辅助支撑。

1. 同辈间交流互动不足

（1）缺乏交流平台：研究生之间缺乏有效的交流平台或机制，导致他们难以在学术、生活等方面进行深入交流。

（2）互动频率低：由于各自忙于研究或课程学习，研究生之间的日常互动频率较低，难以形成紧密的同伴关系。

2. 同辈榜样作用不明显

（1）缺乏优秀榜样：在研究生群体中，缺乏具有显著影响力和榜样作用的同辈人物，导致其他研究生难以找到学习和模仿的对象。

（2）榜样效应未发挥：即使有优秀的同辈榜样存在，但由于缺乏宣传和引导，其榜样效应也未能在更广泛的范围内得到发挥。

3. 同辈互助氛围缺失

（1）互助意识淡薄：部分研究生可能缺乏互助意识，不愿意主动帮助他人或寻求他人的帮助。

（2）互助机制不健全：学校或学院在促进研究生同辈互助方面缺乏有效的机制和措施，导致互助氛围难以形成。

4. 同辈育人活动参与度低

（1）活动知晓度不高：学校或学院组织的同辈育人活动可能因宣传不足而导致研究生知晓度不高。

（2）参与动力不足：研究生可能因个人原因（如时间紧张、兴趣不符等）对参与同辈育人活动缺乏动力。

5. 同辈间学术合作与分享不足

（1）学术合作机会少：研究生之间缺乏合作研究的机会和平台，导致他们在学术上难以形成合力。

（2）学术分享不充分：在学术成果、研究经验等方面，研究生之间的分享不够充分，未能实现知识和资源的有效共享。

6. 同辈间情感支持缺失

（1）情感交流不足：研究生在面临学术压力、生活困扰等问题时，可能缺乏来自同辈的情感支持和慰藉。

（2）情感支持机制不完善：学校或学院在提供情感支持方面可能存在不足，未能有效满足研究生的情感需求。

第五章 策略与路径：构建高效能的研究生导学思政工作体系

> **内容提要**：结合前文对导师育人工作的现状、难点分析以及国内外高校育人的经验启示，本章详细介绍了构建高效能的研究生导学思政工作体系的策略和路径。在构建目标方面，明确"拓展思想政治工作新空间、凝聚导学双向育人合力、夯实研究生'三全育人'体系"三个基本目标，坚持"政治性与思想性统一、科学性与人文性并重、主导性与主体性协调、系统性与层次性结合"四个基本原则，提出"组织保障维度、育人主体维度、导生关系维度、路径载体维度"四条实施路径。

第一节 研究生导学思政工作体系构建的目标

随着国家高等教育的不断发展，研究生教育作为培养高层次人才的重要阵地，其质量和水平直接关系到国家的创新能力和竞争力。因此，构建研究生导学思政体系，对于提升研究生教育的整体质量，培养具有社会责任感、创新精神和实践能力的高素质人才具有重要意义。研究生导学思政体系构建的主要目标有以下几方面。

一、拓展思想政治工作新空间

研究生导学思政体系在拓展思想政治工作新空间方面扮演着至关重要的角色。这一体系不仅要在新时代深化研究生教育的内涵，还应进一步创新高校思想政治工作模式，为实现全员育人、全过程育人和全方位育人的"三全育人"

第五章　策略与路径：构建高效能的研究生导学思政工作体系 ◇

目标提供有力支撑。要实现拓展思想政治工作新空间的目标，研究生导学思政体系要从以下几方面来着手构建。

（一）立足导学关系核心载体

研究生导学思政工作体系必须要以导学关系为核心载体，这种关系贯穿于研究生培养的全过程，包括学术指导、成长引领和言传身教等多个方面。导师作为研究生培养的第一责任人，其言行举止、道德品质、学术素养等都对研究生产生深远影响。通过导学关系开展思想政治工作，能够更加贴近研究生的实际需求，提高思政工作的针对性和实效性。

（二）创新导学互动场景

研究生导学思政体系需要注重创新导学互动场景，将思想政治工作融入学术科研、个人生活和职业发展等多个层面。具体来说，包括以下层面。

（1）学术科研层面：通过师生共同参与科研攻关的过程，实现基于合作者关系的互动关系。在科研过程中融入对于人生选择和价值目标的引导和明确，使研究生在掌握专业知识的同时，树立正确的世界观、人生观和价值观。此外，导师在学术交流中的榜样示范作用也能对研究生产生积极影响，促进其学术品位的提升和科研兴趣的培养。

（2）个人生活层面：重视非学术环境下的师生非正式互动。导师与学生的互动场域不仅局限于课堂，还拓展到运动场、咖啡馆、食堂、社区等各类非教学场所。通过共同运动、共同就餐、共同开展生活类活动等方式，加深导师与学生之间的了解，增强彼此之间的信任感和情感链接。这种非正式互动有助于形成健康向上的师生关系，为思政工作的开展奠定良好基础。

（3）职业发展层面：鼓励师生走出课堂、洞察社会，共同参与社会实践与志愿服务活动。在实践过程中，学生可以体会到导师的科研思维并收获解决实际问题的经验；同时，在导师的引导下，学生更好地认识世界和中国发展大势，明晰个人的职业生涯规划与发展路径，将个人发展目标与祖国需求相结合，做出正确的价值判断与价值选择。

（三）建立起协同育人机制

研究生导学思政体系还应注重构建协同育人机制，打破教师思政和学生思政体系之间的壁垒，形成师生育人育己的合力。具体来说，包括以下几方面。

（1）建立导师立德树人责任制：明确导师在研究生培养中的思想政治教育

职责，将立德树人作为导师工作的核心任务之一。通过制定相关制度和政策，激励导师积极参与研究生的思想政治工作，发挥其言传身教的重要作用。

（2）促进师生沟通交流：建立畅通的师生沟通交流渠道，如定期召开师生座谈会、开展学术沙龙等活动。通过这些活动，促进师生之间的思想碰撞和情感交流，增强彼此之间的理解和信任；同时，也为导师了解研究生的思想动态和需求提供了机会，有助于更加有针对性地开展思政工作。

（3）强化基层党组织建设：发挥基层党组织的政治功能和组织功能，鼓励教师党支部与研究生党支部联合开展主题党团日、红色实践等共建活动。通过这些活动，加强师生之间的政治联系和思想认同，形成共同的价值追求和行为规范。

在这些措施的共同作用下，能够形成符合新时代研究生特点的全员、全过程、全方位的思想政治教育新格局，为培养德智体美劳全面发展的社会主义建设者和接班人奠定坚实基础。

二、凝聚导学双向育人合力

结合本书对"导学思政工作"概念内涵的界定，激发学生侧主体育人力量是构建导学思政工作体系的应有之义。其原因包括以下几个方面：

（1）双向塑造与引导。通过构建创新多元的导学互动场景，实现了对学生和导师双向的思想塑造、行为引导和价值引领。这种双向育人合力在促进学生的全面发展、提升导师的思想政治素质和教育教学能力发挥着积极作用。

（2）协同与支撑。导学思政与思政课程、课程思政相互协同、相互支撑，共同构建了符合研究生特点的思想政治教育新格局。这种协同育人模式有助于实现全员育人、全过程育人和全方位育人的目标。

（3）创新与拓展。导学思政体系打破了传统思政教育的单一模式，通过导学互动这一关键渠道拓展了思政教育的空间和载体。这种创新不仅提升了思政教育的针对性和实效性，也为高校思想政治工作的创新发展提供了新的思路和实践路径。

在导学思政体系中凝聚导学双向育人合力就是要通过多元化的互动场景，实现对学生和导师双向的思想塑造、行为引导和价值引领。我们在构建导学思政体系时，可从以下几个方向着手：

（1）推动基础层次的学术科研导学互动。导学思政注重导师在指导学生开展科研工作过程中增强思想引导和价值引领。通过师生共同参与科研攻关，围绕重点课题的研究，融入对于人生选择和价值目标的引导和明确。这一过程不仅培养了学生的科研能力，还引导他们树立正确的价值观和人生观。师生共同参与课题项目的全流程，包括选题、设计、实施、总结等各个环节。在学术交流中，导师发挥榜样示范作用，学生则通过求索真理的过程对导师产生新的启发与思考，形成教学相长的良性循环。

（2）推动中级层次的个人生活导学互动。导学思政重视非学术环境下的师生非正式互动。这种互动不仅局限于课堂，还拓展到运动场、咖啡馆、食堂、社区等各类非教学场所。通过共同运动、共同就餐、共同开展生活类活动等非正式互动，导师和学生更容易形成基于共同兴趣的联系纽带，加深彼此的了解和信任感，形成更强有力的情感链接和习惯养成。这种互动有助于培养学生的社交能力和人际关系处理能力，同时也有助于导师更好地了解学生的心理状态和需求。

（3）推动高层次的职业发展导学互动。导学思政鼓励师生走出课堂、洞察社会，共同参与社会实践与志愿服务活动。在实践过程中，学生可以体会到导师的科研思维并收获解决实际问题的经验。在导师的引导下，学生更好地认识世界和中国发展大势，明晰个人的职业生涯规划与发展路径。这种互动有助于学生将个人发展目标与祖国需求相结合，做出正确的价值判断与价值选择。

三、夯实研究生"三全育人"体系

"三全育人"体系，即全员育人、全程育人、全方位育人的教育体系，是中共中央、国务院在2017年2月印发的《关于加强和改进新形势下高校思想政治工作的意见》中提出的重要要求。这一体系旨在通过尽可能多地汇聚高校育人主体合力、尽可能优地整合优化教育资源、尽可能全地参与学生成长过程，培养德智体美劳全面发展的社会主义建设者和接班人。该理念自提出以来，国内诸多高校探索建设"三全育人"工作体系已多年，"三全育人"的理念已深入人心、体制机制逐步完善、育人队伍逐步优化、育人平台得到丰富、育人效果得到显著提升，但职责划分不清、资源利用不足、育人方式单一、评价体系不完善、形式主义的问题依然存在。然而，研究生思政工作统一于高校思政工作"三全育人"体系整体中，该体系存在的问题亦制约着研究生思政工作成效。作为"三全育人"总体系下的子体系，构建"导学思政工作体系"是对其当前问题的有效回应，其原因包含以下几个方面：

（1）激发了研究生培养过程最重要的育人力量。导学思政通过构建导师与研究生群体之间的紧密关系,将导师纳入全员育人的重要力量之中。导师不仅是学术上的指导者,更是学生思想、品德、心理等方面的引路人。这种师生间的深度互动和相互影响,使得育人工作不再局限于单一的思政课程或辅导员层面,而是形成了全员参与的育人合力。这种合力有助于实现立德树人目标的全方位覆盖,确保学生在校期间得到全面、系统的教育和引导。

(2)抓住了研究生培养的全过程主线。导学思政贯穿于研究生学习生涯的始终,从入学到毕业,从课程学习到科研实践,从学术指导到生活关怀,导师都发挥着不可替代的作用。这种全程性的育人模式有助于确保学生在不同阶段都能得到适时的引导和支持,促进其全面发展;同时,导学思政还注重将思想政治教育融入学生的日常学习和生活中,通过潜移默化的方式培养学生的社会主义核心价值观和正确的世界观、人生观、价值观。

(3)为全方位培育研究生创造了现实可能。导学思政不仅局限于课堂和实验室等传统育人空间,还积极拓展到社区、运动场、咖啡馆、食堂等非教学场所。这种多元化的互动场景为学生提供了更多元化的学习和成长机会,有助于实现全方位育人。在这些非正式互动中,导师和学生可以基于共同兴趣建立联系纽带,加深彼此之间的了解和信任,形成更加紧密和稳固的导学关系。这种关系有助于导师更好地了解学生的思想动态和心理需求,从而提供更加精准和有效的指导;同时,导学思政通过引导学生参与社会实践和志愿服务等活动,使其更好地了解社会、认识国情、增强社会责任感。在导师的引导下,学生可以将个人发展目标与祖国需求相结合,将个人理想追求融入国家和民族的事业中。这种价值引领有助于激发学生的爱国热情和奋斗精神,增强其服务社会和报效祖国的责任感和使命感;同时,通过参与社会实践和志愿服务等活动,学生还可以锻炼自己的实践能力、沟通能力和团队协作能力等综合素质,为未来的职业发展奠定坚实基础。

因此,构建导学思政工作体系的一个重要目标就是健全夯实高校"三全育人"总体系,破解当前该体系在研究生立德树人工作中存在的固有难点。为此,我们可以从以下几方面着手:

(1)强化导师育人责任能力。导师是研究生培养过程中的第一责任人,其言传身教、学术指导、成长引领贯穿于研究生生涯发展的全过程。构建导学思政工作体系,一方面要建立起科学合理导师育人责任机制和评价考核机制,进一步明确压紧压实了导师的育人责任;另一方面要注重导师育人能力提升,建立完备的培训支持、组织保障机制。

(2)维持亲清平等的导学关系。一方面,导师育人要深入了解研究生的思想动态、心理变化和真实需求，育人工作不能局限于学业指导和价值引领等方面，要将情感交流、人文关怀和职业指导等学生最关切、最需要的帮助纳入工作内容；另一方面，导师育人需要建立密切平等的导学关系，不能成为雇佣型、老板型、冷关怀型关系，要以平等的地位为基础尊重学生主体地位，在多元化的导学互动场景中增强师生之间的沟通和交流。

（3）确保导师育人全过程参与。一方面，要将导师育人工作贯穿学习生涯始终，从入学教育到毕业指导，从课程学习到科研实践，确保了研究生在不同阶段都能得到适时的思想引领和成长支持；另一方面，要关注学生全面发展，不仅关注研究生的学术成长，还注重其思想品德、心理健康、职业规划等方面的全面发展。通过多元化的互动场景和丰富的育人资源，全方位地引导和帮助学生实现自我成长和价值提升。

第二节 研究生导学思政工作体系构建的基本原则

研究生导学思政体系构建的基本原则是指导该体系在设计和实施过程中应当遵循的一系列核心价值和规范。这些原则不仅定义了导学思政体系的基本特征和运行方式，共同构成了其核心要素和价值取向，为研究生的全面发展提供有力保障。具体来讲，包含以下几方面：一是确保教育方向正确，为培养具有坚定理想信念和正确价值观念的社会主义建设者和接班人提供有力保障。二是促进研究生全面发展，使得研究生在知识、能力、素质等方面的全面发展，提高其综合素质和竞争力。三是增强教育针对性和实效性，帮助导师更好地了解研究生的成长需求和思想动态，提供有针对性的指导和帮助，激发研究生内在动力和积极性。四是推动教育创新与发展，促使导学思政体系不断吸收新的教育理念和方法，保持与时俱进；同时，也为教育创新提供了广阔的空间和平台，推动研究生思想政治教育工作的持续改进和发展。

结合前人的研究成果和国家思想政治教育工作的政策要求，本书将研究生导学思政体系构建的基本原则概括为以下几个方面。

一、政治性与思想性统一

在导学思政体系构建中，政治性与思想性统一原则占据着核心地位角色，内在地规定了该体系的方向性质等属性，它强调在导学思政工作过程中必须牢牢把握的两个关键方面：一是坚持正确的政治方向；二是关注并引导研究生的思想动态与成长需求。这一原则的实现，不仅关乎研究生个人价值观的塑造与思想政治素质的提升，更关乎国家和社会的长远发展。

（一）基本含义

"政治性"含义：坚持正确的政治方向，是导学思政体系的首要任务。这意味着该体系必须紧密围绕国家的重大战略、方针政策和法律法规，确保教学内容和实践活动与国家的总体发展方向保持一致。通过课程学习、专题讲座、时事讨论等形式，引导研究生深入理解并认同国家意志，培养他们的国家责任感和使命感。此外，作为中华民族的精神支柱和行动向导，导学思政体系应将社会主义核心价值观融入各个环节，通过理论阐释、案例分析、实践体验等方式，使研究生深刻理解其内涵和意义，自觉践行社会主义核心价值观。

"思想性"的含义：作为导学思政体系不可或缺的一部分，它要求体系在坚持政治性的基础上，充分关注研究生的思想动态和成长需求。通过深入了解研究生的思想观念、价值观念和心理状态，体系能够提供有针对性的思想教育、引导和服务，帮助他们树立正确的世界观、人生观和价值观。针对研究生群体思想状况、成长背景和学习需求不同的现状，导学思政体系要注重个性化教育，关注每位研究生的思想动态和成长需求，提供有针对性的指导和帮助。通过个别谈话、心理咨询、职业规划等方式，了解研究生的实际困难和需求，为他们提供有效的支持和帮助；同时，导学思政体系应打破传统的教学模式，增强师生之间的互动和交流。通过小组讨论、角色扮演、案例分析等互动式教学方法，激发研究生的学习兴趣和参与度，让他们在参与中思考、在交流中成长；同时，导师也应积极倾听研究生的声音，了解他们的想法和意见，及时调整教学策略和方法。

只有将政治性与思想性有机统一，导学思政工作体系才能始终坚持正确的政治方向和思想导向，确保研究生在思想政治上受到正确的教育和引导。

（二）实现策略

在导学思政体系中实现政治与思想的统一，是一个复杂而系统的过程，它涉及教学内容的规划、教学方法的创新、教学环境的营造以及师生之间的有效互动等多个方面。以下是一些具体的实现策略：

（1）明确教学目标，强化政治引领。导学思政体系应明确以习近平新时代中国特色社会主义思想为指导，坚持社会主义办学方向，确保研究生在思想政治上受到正确的教育和引导。将国家意志、社会主义核心价值观等政治要素融入教学体系，通过课程讲授、专题讲座、社会实践等形式，使研究生深刻理解并认同这些政治要素。

（2）优化教学内容，体现思想性。密切关注研究生的思想动态和成长需求，了解他们的困惑和关注点，将这些问题融入教学内容中，使教学更加贴近学生实际。挖掘和整合各类思想资源，包括马克思主义经典著作、中华优秀传统文化、革命文化、社会主义先进文化等，为研究生提供丰富的思想养料。

（3）创新教学方法，增强互动性。采用小组讨论、案例分析、角色扮演等互动式教学方法，激发研究生的学习兴趣和参与度，让他们在参与中思考、在交流中成长。加强实践教学环节，组织研究生参与社会调查、志愿服务、专业实习等活动，让他们在实践中感受社会、了解国情、增强社会责任感。

（4）营造良好环境，促进全面发展。加强校园文化建设，举办各类学术讲座、文化活动、体育赛事等，营造积极向上的校园文化氛围，为研究生提供展示自我、锻炼能力的平台。建立健全心理健康教育和辅导机制，为研究生提供及时有效的心理支持和帮助，引导他们正确面对压力和挑战，保持身心健康。

（5）加强师资建设，提升教学水平。加强思政课教师队伍建设，提升教师的政治素质、业务素质和师德水平，使他们能够胜任导学思政体系的教学工作。建立健全激励机制，鼓励教师积极参与教学改革和创新实践，提高教学效果和质量。

综上所述，实现导学思政工作体系中政治与思想的统一需要多方面的努力和配合，才能有效地推动政治与思想的深度融合和相互促进，为研究生的全面发展提供有力保障。

二、科学性与人文性并重

在研究生导学思政体系的构建中，科学性与人文性并重原则是推动研究生全面而和谐发展的关键。这一原则强调在思政教育中既要注重科学理论的指导，遵循教育规律和研究生成长规律，又要关注研究生的情感、态度和价值观，培养其人文素养和人文精神。

（一）基本含义

1. 科学性原则

科学性原则的基本含义有以下三个层面：

（1）坚实的理论基础。研究生导学思政体系应建立在马克思主义理论、教育学、心理学、社会学、管理学等科学理论基础之上。这些理论为导学思政工作提供了科学的指导思想和方法论支持，确保了工作内容的正确性和有效性；要紧跟时代步伐，吸收借鉴将中国特色社会主义理论体系、习近平新时代中国特色社会主义思想等最新理论成果，使导学思政工作始终保持与时俱进的生命力。

（2）遵循教育规律。导学思政工作应遵循研究生的认知特点、心理需求和发展阶段，采用符合其成长规律的方法和手段。例如，通过案例分析、小组讨论、角色扮演等互动式教学方式，激发学生的学习兴趣和主动性。注重理论与实践相结合，鼓励学生将所学理论应用于科学研究和社会实践中，增强他们的实践能力和创新能力。

（3）实证研究支撑。通过收集和分析数据、评估教学效果、听取学生反馈等方式，对导学思政工作体系进行实证研究。这有助于及时发现和解决工作中存在的问题，不断优化和完善工作体系。

2. 人文性原则

人文性原则的基本含义也有以下三个层面：

（1）情感关怀与心理疏导。导学思政工作应关注研究生的情感需求和心理状态，通过情感交流和心理疏导等方式，帮助他们建立积极健康的情感状态和心理品质。例如，可以设立心理咨询室或开展心理健康教育活动，为学生提供专业的心理支持和帮助。

（2）价值观引导与人文素养培养。引导学生树立正确的世界观、人生观和价值观，培养他们的社会责任感和公民意识。通过文学、艺术、历史等人文课程的学习，提升学生的审美情趣、文化修养和人文精神；鼓励学生参与社会实践和志愿服务等活动，增强他们的社会责任感和奉献精神。

（3）个性化教育与人文关怀。尊重学生的个性差异和兴趣爱好，关注他们的成长需求和发展方向。通过个性化教育方案的设计和实施，为每个学生提供适合自己的成长路径和发展空间；注重人文关怀在思政教育中的渗透和体现，让学生在关爱中成长、在尊重中发展。

二、融合策略

1. 工作内容融合

在工作内容内涵上，既要注重科学理论的传授和解析，又要融入人文精神的熏陶和滋养。通过跨学科的内容设计，使学生在掌握科学知识的同时，也能感受到人文精神的魅力和价值。

2. 工作方法融合

在工作方法运用上，既要采用科学的教育、管理和服务方法和手段来传授知识、培养能力，又要注重人文关怀在工作中的体现和渗透。通过互动式、体验式等方法的运用，让学生在参与和体验中感受到成长乐趣和成长意义。

3. 工作评价的融合

在工作评价考核体系构建上，将导师对学生人文关怀、心理帮扶、行为引导、价值观塑造等方面的工作实绩纳入考核评价范畴。通过全面、客观、公正的评价体系来反映导师思政工作实际成效，真正激发导师是研究生培养的"第一责任人"作用。

三、主导性与主体性相协调

在导学思政体系中，主导性与主体性的协调是确保教育效果最大化的关键。这一原则既强调导师、辅导员、思政教师等教师侧主体在引导研究生成长成才方面主导作用，也要求充分尊重研究生的主体地位和内在动力，促进他们自我教育和自我成长。

（一）基本含义

主导性与主体性的协调是导学思政体系中的核心要素。一方面，导师、辅导员、思政专任教师等教师侧主体应充分发挥其主导作用，为研究生提供科学、全面、有针对性的指导；另一方面，又应充分尊重研究生的主体地位和内在动力，激发他们的主动性和创造性。这种协调不仅体现在教学内容和方法的选择上, 更体现在师生之间的沟通交流和互动合作中。通过建立良好的师生关系和信任基础, 教师可以更好地了解研究生的需求和困惑, 为他们提供更加精准和有效的帮助; 而研究生则能在教师的引导下, 更加积极地投入学习和研究, 实现个人价值的最大化。

1. 充分发挥教师侧主体的育人主导作用

导师、辅导员、思政专任教师等教师侧主体, 特别是导师, 不仅是知识的传递者, 更是思想的引领者和价值观的塑造者。在研究生培育过程中, 导学思政工作体系需要以导师为核心、辅导员及思政专任教师为次核心、学校学院教辅学工部门教师为外圈的育人主体圈层, 通过个性化及有针对性的教育、管理和服务, 引导研究生树立正确的世界观、人生观和价值观, 帮助他们攻克难关, 实现个人成长。

2. 充分激发学生侧主体的育人支持作用

在导学思政工作中, 研究生拥有独特的思维方式和内在动力, 渴望在学术研究和个人成长中不断探索和突破, 同时同辈效应的影响不容忽视。因此, 导学思政工作一方面要充分尊重研究生的主体地位, 鼓励他们积极参与思政工作, 发表自己的观点和见解, 关注他们内在需求和发展潜力, 激发他们参与热情和创造力, 促进他们自我教育和自我成长; 另一方面, 激发同辈以及学生党团组织的自我管理和自我教育作用, 让先进典型个人和学生党支部 (小组)、学生会、社团等组织宣扬正确价值观、弘扬正能量, 在学生群体内部起到隐性育人作用。

(二) 实现策略

实现导学思政体系中主导性与主体性相协调原则需要从多个方面入手, 如明确角色定位与职责、构建和谐的导学关系、创新教学方法与手段、完善评价体系与激励机制以及推动思政元素与日常教育管理融合等。

1. 明确角色定位与职责

教师侧主体应明确自身在导学思政体系中的主导地位, 认识到自己不仅是知识的传授者, 更是思想的引领者和价值观的塑造者。各类育人教师主体, 特别是导师、辅导员和专任思政教师, 需要不断提升自身的思想政治素质、学术水平和教学能力, 以便更好地发挥主导作用。学生侧主体应认识到在学校思政工作中的主体地位，有权参与各类思政工作活动、表达自己的观点和见解，并在教师引导下实现自我教育和自我成长。

2. 构建和谐的导学关系

师生之间应建立开放、平等、互动的沟通机制，及时交流学习心得、思想困惑和成长需求。教师可以通过定期面谈、小组讨论、在线交流等方式，了解研究生的思想动态和学习情况，为他们提供个性化的指导和帮助。信任是导学关系的重要基石。教师应以真诚、关爱和尊重的态度对待研究生，关注他们的成长和进步，赢得他们的信任和尊重；同时，研究生也应尊重教师的辛勤付出和专业知识，积极配合教师的教学工作。

3. 创新教学方法与手段

导师等教师主体应根据研究生的个性特点、生活习惯和兴趣爱好等因素，采用灵活多样的工作方法和手段，激发他们兴趣和积极性，鼓励研究生主动思考和探索。

4. 完善评价体系与激励机制

对导师等教师主体导学思政工作的评价，应当坚持科学、公正、客观的评价原则，科学设置考核指标，采取多样化评价方式，客观检验育人工作成效。对工作失职或不合格的教师，及时给予纠正；对工作成效突出的教师，给予表彰激励。这不仅可以激发教师育人工作的热情和动力，还可以通过树立榜样和标杆，推动整个导学思政工作体系不断完善和发展。

5. 推动思政元素与日常教育管理融合

在研究生日常教育管理中，导师等教师应注重融入思想政治元素，引导研究生树立正确的世界观、人生观和价值观。例如，在科研项目选题、研究方法和论文撰写等科研指导方面，在遵循科学精神和道德规范前提下，引导学生树立社会责任感和家国情怀。在日常谈心谈话、休闲活动、心理辅导等非正式场合，摸清学生的政治立场、思想动向和心理状态，结合国家大政方针和社会的人才需要，进行有针对性的引导和示范。

四、系统性与层次性相结合

在导学思政工作体系中,系统性与层次性相结合的原则是指将导学思政工作视为一个有机整体,既注重整体的系统性规划与实施,又兼顾不同层次的个性化需求与特点,以实现全面而深入的育人效果。它要求我们在实际工作中既要注重整体规划和布局,又要关注个体差异和需求;既要追求全面性和协调性,又要注重针对性和实效性;既要坚持长期性和持续性,又要注重循序渐进性。只有这样,才能真正发挥导学思政工作的重要作用为培养德智体美劳全面发展的社会主义建设者和接班人贡献力量。

(一)基本含义

在导学思政工作体系中,系统性与层次性相结合的原则要求将两者有机统一起来。一方面,要注重整体的系统性规划与实施,确保教育工作的全面性和协调性;另一方面,要兼顾不同层次的个性化需求与特点,实现因材施教和分层次教育。通过两者的有机结合,可以更加有效地促进研究生的全面发展和成长成才。

1. 系统性原则

(1)整体规划与布局:导学思政工作体系需要从宏观层面进行整体规划与布局,确保各个育人环节相互衔接、相互支撑,形成一个完整的育人链条。这包括育人目标的设定、育人内容的安排、育人途径的选择以及育人效果的评估等各个方面。

(2)全面性与协调性:系统性原则要求导学思政工作覆盖研究生的全面发展,不仅关注其思想政治素质的提升,还关注其学术能力、道德品质、心理素质等多方面的成长;同时,各个教育环节之间需要相互协调、相互配合,形成教育合力。

(3)连续性与稳定性:导学思政工作是一个长期而持续的过程,需要贯穿于研究生的整个学习生涯。因此,系统性原则还强调教育工作的连续性和稳定性,确保教育效果能够持续发挥作用。

2. 层次性原则

(1)因材施教:导学思政工作应针对不同年级、不同专业背景以及不同思想状况的研究生制定个性化的育人方案。通过深入了解研究生的实际需求和特点，采取有针对性的育人措施和方法，实现因材施教。

（2）分层次教育：根据研究生的思想觉悟水平、学术能力等因素，将导学思政工作划分为不同的层次进行培育。每个层次都有明确的育人目标和内容要求，确保育人工作的针对性和实效性。

（3）循序渐进：层次性原则还强调育人工作的循序渐进性。通过分阶段、分步骤地推进教育工作，逐步引导研究生树立正确的世界观、人生观和价值观，提升其思想政治素质和综合能力。

（二）实现策略

在导学思政工作体系中实现系统性与层次性相结合原则，是确保思政工作既全面深入又精准有效的关键。它需要明确整体目标与分层目标、构建系统化的教育内容与体系、实施分层分类的教育策略与方法、建立系统的评估与反馈机制以及加强师资队伍建设与培训等多个方面的共同努力。

1. 明确整体目标与分层目标

需要明确导学思政工作的总体目标和要求，这通常与学校的育人理念、国家的教育方针紧密相关。整体目标应体现全面性、系统性和长期性，为导学思政工作提供方向指引。在整体目标的框架下，根据研究生的不同年级、专业背景、思想状况等因素，设定具体的分层目标。分层目标应具有针对性和可操作性，能够指导各层次思政工作的具体实施。

2. 构建系统化的育人内容与体系

将思政课程、学术活动、社会实践、校园文化等多种教育资源进行有效整合，形成系统化的教育内容与体系。确保各教育环节相互衔接、相互促进，共同服务于整体目标的实现。针对不同层次的研究生，设计差异化的育人内容。例如，对于低年级研究生，可以注重基础理论和价值观的引导；对于高年级研究生，则可以加强学术诚信、社会责任等方面的教育。

3. 实施分层分类的育人策略与方法

根据研究生的个体差异和需求，采用灵活多样的育人策略和方法。通过个别谈话、小组讨论、案例分析等方式，深入了解研究生的思想动态和实际问题，提供有针对性的指导和帮助。组织分层次的育人活动，如主题班会、学术讲座、社会实践等。活动的设计应充分考虑各层次研究生的特点和需求，确保活动的吸引力和实效性。

4. 建立系统的评估与反馈机制

建立科学合理的评估体系，对导学思政工作的实施效果进行全面评估。评估内容可以包括研究生的思想政治素质、学术道德水平、社会责任感等多个方面。根据评估结果，及时反馈思政工作中存在的问题和不足，并进行有针对性的调整和优化；同时，鼓励研究生积极参与评估过程，提出宝贵的意见和建议，促进思政工作的不断改进和完善。

5. 加强师资队伍建设与培训

选拔具有丰富经验和专业素养的研究生导师、辅导员、思政教师和管理人员，组建专业化的导学思政工作团队。团队成员应具备较高的思想政治素质和业务能力，能够胜任各层次思政工作的要求。定期组织团队成员参加培训和交流活动，不断提升其专业素养和综合能力。通过分享经验、交流心得等方式，促进团队成员之间的相互学习和共同提高。

第三节 研究生导学思政工作体系构建的实施路径

研究生导学思政工作体系的构建是一个系统工程，要在研究生思政工作中落实"三全育人"的建设目标，就需要结合研究生成长的规律特点以及"导学思政"工作体系内涵和构建的基本原则来综合考量。虽然目前有诸多学者从评价机制、协同机制和场域延伸等方面提出构想，但还未形成系统化的思路。本书结合前面四个章节的研究分析，认为研究生导学思政工作体系可以从以下四个维度得以实施。

一、"导学思政"的组织保障维度

要确保工作的系统性、有效性和可持续性，"导学思政"工作需要成为一个独立体系，形成独立的组织保障机制，如组织领导、队伍建设和资源保障等。若它不能形成独立的系统而依附于其他工作，没有针对性，导学思政工作必将流于形式、草草收场。

1. 建立健全的组织机构

在学校层面成立由校领导牵头的"导学思政"工作领导小组,负责全校范围内思政工作的规划、协调、监督和评估。领导小组成员应包括教务部门、学生工作部门、研究生工作部门、各学院负责人及思政专家等,形成跨部门、跨学科的协同工作机制。在领导小组下设办公室或工作专班,负责具体执行和落实各项思政工作任务。明确各成员单位的职责分工,确保各项工作有人负责、有人落实。

2. 制定完善的政策制度

出台相关政策文件:结合学校实际情况,制定并出台一系列关于"导学思政"的政策文件,如《研究生思想政治教育工作实施意见》《研究生导师思想政治教育职责规定》等,为思政工作提供制度保障。建立健全导学思政工作激励机制,对在思政工作中表现突出的导师、学生及集体给予表彰和奖励,激发广大师生的积极性和创造性。

3. 加强队伍建设

选拔政治素质高、业务能力强的教师担任研究生导师,加强导师队伍的思想政治建设,提升导师的思政教育能力。配备足够的辅导员和思政教师,负责研究生的日常管理和思政教育工作。加强辅导员和思政教师的培训,提升其专业素养和工作能力。

4. 强化资源保障

为"导学思政"工作提供必要的经费支持,确保各项活动的顺利开展。鼓励通过多方渠道筹集资金,用于支持思政课程的研发、社会实践活动的开展等。整合校内外教育资源,如图书馆、博物馆、纪念馆等,为研究生提供丰富多样的思政教育资源和平台。同时,加强与企事业单位、社会组织的合作,共同开展思政教育活动。

5. 构建评估与反馈机制

建立科学合理的评估体系,对"导学思政"工作的实施效果进行全面评估。评估内容可以包括研究生的思想政治素质、导师的思政教育能力、活动的开展情况等。建立健全信息反馈机制，及时收集和分析师生对思政工作的意见和建议。根据反馈结果对思政工作进行及时调整和优化，确保工作更加贴近师生实际和需求。

二、"导学思政"的育人主体维度

结合前文分析，"导学思政"工作体系的育人主体涵盖以教师侧主体和学生侧主体两个维度，涉及导师、辅导员、思政课教师以及学校学院教辅部门，优秀学生、党员干部及社团、党支部等学生组织角色和力量，他们各自承担着不同的职责和任务，其中导师在教师侧主体以及整个导学思政工作中占据核心位置。要构建完善的"导学思政"工作体系，必须要充分对各方主体的角色与责任进行准确定位，充分调动以导师为核心的教师侧主体育人力量，带动学生侧主体共管共育。

（一）教师侧主体

1. 核心角色：导师

导师是"导学思政"体系中的核心育人主体，他们不仅是研究生学术研究的指导者，更是研究生思想政治教育的关键人物。其主要职责是：①树立"立德树人"的教育理念，明确自身在研究生思政教育中的责任与使命；②在科研活动中融入思政教育元素，通过言传身教，将理想信念、学术伦理、社会责任等融入研究生的学业指导和科研活动中，实现知识传授与价值引领的有效结合；③关注研究生的思想动态和心理状况，及时给予关心和指导，帮助他们解决成长过程中的困惑和问题。

2. 专业指导者：思政课教师和辅导员

思政课教师和辅导员在"导学思政"体系中扮演着专业指导者的角色。思政课教师通过课堂教学和实践活动，向研究生传授马克思主义理论等思政知识，引导他们树立正确的世界观、人生观和价值观。辅导员则通过日常管理和服务工作，关注研究生的思想动态和心理状况，提供个性化的指导和帮助。

3. 组织保障者：学校学工管理部门

学校学工管理部门在"导学思政"体系中发挥着重要的组织、协调和监督作用。其主要职责是：制订科学合理的思政教育工作规划和实施方案，明确各育人主体的职责和任务分工。加强思政课程建设和教学改革，提升思政教育的针对性和实效性。例如，通过线上与线下结合、课内与课外结合等多种方式，创新思政教育模式。建立健全思政工作评估机制，定期对思政工作进行评估和反馈，及时发现问题并采取措施加以改进。提供必要的经费支持和资源保障，为"导学思政"工作的顺利开展提供有力支撑。

（二）学生侧主体

1. 重要参与者：研究生自身

研究生作为"导学思政"的直接参与者，也是重要的育人主体之一。其主要职责是：积极参与思政课程学习和各类思政教育活动，增强自身的政治素养和理论水平。在科研实践中注重培养自己的创新思维和实践能力，同时遵守学术规范和道德准则。主动参与社会实践和志愿服务等活动，增强社会责任感和使命感，实现自我教育和自我提升。

2. 辅助力量：学生组织与社会力量

学生组织如学生会、社团等以及社会力量如家长、校友、合作企业等也是"导学思政"体系中的重要辅助力量。学生组织通过组织各类文体活动和社会实践活动，为研究生提供展示自我、锻炼能力的平台，同时营造良好的校园文化氛围。社会力量则通过提供实践机会、分享人生经验等方式，为研究生的思政教育提供有力支持。

（三）调动各方育人力量

导学思政工作体系是以导师育人工作为核心展开的多方主体育人，在横向上要调动辅导员、思政教师以及学工部门的育人力量，在纵向上要调动学生以及学生组织的育人力量。

1. 横向力量的调动

可以从完善协同育人机制和考核激励机制两方面着手：①完善协同育人机制方面。成立由导师、思政教师、辅导员和学校管理层等各方育人主体组成的协同育人工作小组，负责"导学思政"工作体系的规划、实施和评估。工作小组应定期召开会议，交流工作经验、探讨工作中遇到的问题并提出解决方案。

各方育人主体应加强沟通与协作，建立定期沟通机制和信息共享平台，确保信息的及时传递和有效沟通。通过沟通协作，共同制订教育方案、开展教育活动、解决教育问题，形成育人合力。②完善考核激励机制方面。制订科学合理的考核标准和激励机制，对各方育人主体在"导学思政"工作体系中的表现进行客观评价并给予相应奖励。通过考核激励机制的完善，激发各方育人主体的积极性和创造性，推动"导学思政"工作体系的持续发展。

2. 纵向力量的调动

需要导师与研究生在多元化的互动场景中构建起和谐的导学关系。

（1）学术科研互动：导师应组织研究生参与科研项目、学术讲座和学术交流等活动，通过科研攻关和学术交流的过程，实现思想引导和价值引领。鼓励研究生提出新观点、新方法，培养他们的创新能力和批判性思维能力。

（2）日常生活互动：导师应积极参与研究生的日常生活，与他们共同参加运动、就餐、社交等活动，建立深厚的师生情谊。通过这些非学术环境下的互动，了解研究生的真实需求和思想动态，为他们提供及时的帮助和指导。

（3）社会实践与志愿服务：鼓励师生共同参与社会实践和志愿服务活动，让学生在实践中感受社会、了解国情、增强社会责任感。通过实践活动的参与，学生可以将所学理论知识与实际问题相结合，提高解决实际问题的能力。

三、"导学思政"的导生关系维度

导学关系是指研究生导师与研究生在学术研究、思想引导、生活关怀等方面形成的特殊关系。近年来，随着研究生招生规模的扩大和培养类型的变化，导生关系出现了一些不容忽视的问题，如导师与学生之间的沟通不畅、导师指导不力、学生权益受损、关系雇佣化等，这些问题在一定程度上影响了导学思政工作开展。因此，作为导学思政工作体系中至关重要的一环，导生关系维度主要关注的就是研究生导师与研究生之间在思政工作过程中的互动与协作，旨在构建和谐的导学关系，推动导学思政工作顺利开展。

构建和谐的导学关系需要学校、导师和研究生三方的共同努力和配合。我们可以通过提高导师的思政工作能力、强化研究生的主体作用、优化导学互动机制、完善制度建设与保障以及加强心理健康教育等措施的实施，可以逐步构建和谐的导学关系，推动研究生思政工作的深入开展。

第五章　策略与路径：构建高效能的研究生导学思政工作体系

（一）提高导师的思政工作能力

加强师德师风建设：导师作为研究生思想政治教育的关键主体，其师德师风对导生关系具有重要影响。学校应定期组织导师参加师德师风教育培训，引导导师树立正确的教育理念，强化责任意识和使命感。通过宣传优秀导师的先进事迹，树立典型，发挥榜样的引领作用，激发导师的积极性和创造性。

提升思想政治理论水平：导师应不断提升自身的思想政治理论水平，关注时事政治，了解国家方针政策，以便在指导研究生的过程中能够理论联系实际，增强思政教育的针对性和实效性。

（二）强化研究生的主体作用

增强研究生的主体意识：鼓励研究生积极参与思政教育过程，发挥自己的主观能动性，主动与导师沟通交流，表达自己的思想和困惑。通过组织研究生参与社会实践、志愿服务等活动，让研究生在实践中感受社会、了解国情，增强社会责任感和实践能力。

培养研究生的自我管理能力：研究生应学会自我管理，合理规划学习和生活时间，提高学习效率和生活质量；同时，培养良好的心理素质和抗压能力，以应对学术和生活中的各种挑战。

（三）优化导学互动机制

建立定期沟通机制：导师与研究生之间应建立定期沟通机制，如定期召开组会、个别谈话等，确保双方能够及时了解对方的动态和需求。通过沟通机制的建立，促进导师与研究生之间的相互理解和信任，为构建和谐导学关系奠定坚实基础。

创新导学互动方式：充分利用现代信息技术手段，如网络平台、社交媒体等，拓展导学互动方式。通过线上线下的有机结合，提高导学互动的效率和效果。组织多样化的导学活动，如学术讲座、读书会、户外拓展等，增强导学关系的互动性和趣味性。

（四）完善制度建设与保障

健全规章制度：学校应制定和完善相关规章制度，明确导师和研究生在思政教育中的职责和权利，为导学关系的和谐发展提供制度保障。建立健全导师考核机制，将思政教育成果纳入导师考核评价体系，激励导师积极参与思政教育工作加强监督与评估。建立导学关系监督与评估机制，定期对导学关系进行评估和反馈，及时发现问题并采取措施加以解决。鼓励学生和家长等社会各界参与监督与评估工作，形成多元化、全方位的监督与评估体系。

建立心理健康教育体系：学校应建立和完善研究生心理健康教育体系，为研究生提供心理咨询、心理辅导等服务通过开展心理健康教育活动，引导研究生正确面对压力和挑战，保持积极健康的心态。

四、"导学思政"的路径载体维度

建立"导学思政"工作体系需要从整体上构思如何将思政职能融入日常教育、管理和服务工作中，如何创新工作方法让研究生们喜闻乐见、乐意接受来克服以往说教呆板、受学生抵触的现状。这就涉及该工作体系的"路径载体"问题。所谓"导学思政"工作体系的路径载体，主要是指在导学关系中开展思政工作时所采用的具体方式、方法和平台媒介。这些路径载体旨在促进导学之间的深度互动，将思想政治教育融入学术指导、生活交流、社会实践等各个环节，以实现全方位、多层次的育人目标。

"导学思政"工作体系的路径载体是多方面的，但必须始终要围绕"导学关系"这一中心场域，深入贴近研究生的生活学习，结合现有的技术手段，找到他们乐意接受的方式、需要指导帮扶的急难痛点、以往工作缺位的断点等方面创新工作方法、方式或平台媒介。针对当前研究生思政工作在教育方式、情感交流和指导帮扶方面的不足，本书认为，"导学思政"工作体系可以从以下路径和载体进行完善。

（一）实施路径

1. 学业指导与思想引领

在学业指导过程中，导师不仅要传授专业知识，培养学生实践能力和创新能力，更要注重对学生的思想引领和价值观塑造。导师通过讨论学术问题、分享人生经验、引导价值判断等方式，将思想政治教育融入学术指导之中，使学生在科研实践中得到思想的启迪和升华。这是"导学思政"第一位的工作，也是导师开展思政工作最基本路径。在基本路径固定的情况下，导师则需要将融合方式或者教育方式创新。例如，利用短视频、公众号等新媒体手段结合当下时政热点或者科研热点做好先进典型的正面宣传、负面典型的价值澄清；改变以往直接说教的方式而采用委婉平等交流的方式等。

2. 生活交流与情感共鸣

导师与学生之间的生活交流是"导学思政"的重要载体。导师可通过共同参与校园活动、聚餐、运动等生活场景，增进师生之间的情感联系，使导师能够更深入地了解学生的思想动态和实际需求。导师还可选择以朋友的身份，耐心倾听研究生们学业压力、婚恋交友、职业发展、家庭生活等方面的心声，让大家在增进了解的过程中，传递正确的交友观、择偶观、职业观。

3. 社会实践与志愿服务

社会实践和志愿服务是"导学思政"的重要实践环节。导师应鼓励学生走出校园，参与社会实践和志愿服务活动，通过亲身体验和实际行动来感受社会、了解国情、增强责任感。在这个过程中，导师可以引导学生将个人价值追求与国家需求相结合，树立正确的价值观和就业观。当然，这需要导师与辅导员、学校学院学工部门等育人主体合作策划，学校学院层面的组织保障就很重要。

4. 辅导和帮助特殊群体

在学生入学之初或者在日常观察中，导师要特别关注家庭经济困难、学业压力大、心理健康状况不佳等特殊群体研究生的心理需求，及时进行心理干预或辅导。在自己无法单独胜任心理辅导时，可以协调校内外学生心理健康教育机构寻求帮助。同时，针对困难学生群体，导师应协调学校学院学工部门策划个性化帮助，让学生真正感受到导师乃至母校的人文关怀。

（二）实施载体

1. 新媒体与网络平台

在新媒体时代，利用互联网、社交媒体等网络平台开展"导学思政"工作具有独特的优势。通过建设在线学习平台、社交平台等，为师生提供便捷的交流和学习空间。导师可以通过网络平台发布思想政治教育资源、分享学术成果、开展在线讨论等，实现与学生的实时互动和远程指导。

2. 校园人文环境

校园人文环境本身是由校园文化氛围、文化活动与设施、师生关系、校园建筑与景观组成的综合体。对导学思政工作而言，学校学院、导师、辅导员等主体首先应营造出一个有温度、有关怀、有回应和正能量的校园环境，让学生感受到学校的人文关怀和人文精神。其次，要将思政元素内容融入校风、教风、学风，体现在文艺演出、学术讲座、社团活动等文化活动中，乃至校园景观建筑中，为学生提供丰富的精神食粮，对学生产生视觉上的审美享受和思想上的启迪。

3. 学生党建活动

学生党建活动育人本身就是一种重要的育人方式，它通过党建活动的组织与实施，旨在培养学生的思想政治素质、组织纪律性和社会责任感。导师可联合辅导员、思政课教师、团委干部依托学院支部或学生党小组，定期开展理论学习、主题教育、组织生活、红色活动等来强化学生思想政治引领、提升组织纪律性、培养社会责任感。更重要的是，要创新党建活动形式。例如，利用现代信息技术手段，开展线上党建活动，如建立党建微信公众号、抖音账号等，发布党建资讯、学习材料、活动视频等，拓宽学生党员的学习渠道和交流平台。结合学校实际和学生特点，创新党建活动形式和内容，如开展"党建＋专业"融合活动、党建知识竞赛、红色文化体验等，增强党建活动的吸引力和感染力。

第六章 实施设想：新时代研究生导学思政工作体系的构建

> **内容提要**：面临工作对象、环境和形态的深刻变化，研究生思政工作在新时代担负着更高的使命任务。传统的导师育人工作在制度、范式等方面的不足，使得原有工作模式已不适应工作要求，"研究生导学思政工作体系"正是为破解导师育人工作的难点应运而生。结合前文对"研究生导学思政工作体系"内涵、结构和构建策略的分析，本章设想，对该工作体系的构建从导学关系保障工作矩阵和导学主体互动工作矩阵两大方向着手。前者从导师育人的组织保障、能力培养、宣传引导、考核评价、导学关系维护等维度搭建起保障系统，后者从协同育人、导学互动等维度搭建起互动育人系统。在两大工作矩阵完成搭建后，进一步延伸融合导学思政场域，如党建思政、网络思政、日常管理等育人场域。

第一节 构建导学关系保障工作矩阵

导学关系保障工作矩阵是一个旨在保障激励导师育人工作、推动建立和谐导学关系、形成良好导学思政氛围的系统集合。在功能上，它应当包括导学组织保障系统、导师培训支持系统、导学关系维护系统、导学宣传引导系统和导学工作评价系统五个方面。当然，这些系统的构建以制度为依托，以体制或机制为表现形式得以呈现。

一、建立导学组织保障系统

在导学思政体系中建立导学组织保障系统，是确保思政工作与导学关系紧密结合、有效运行的关键环节。该体系在功能上就是要实现对导学思政工作的组织领导和人、财、物的保障，让导学思政工作真正能成为一种独立保障的工作体系。

（一）明确系统目标与原则

我们应首先明确导学组织保障系统的目标是：促进导师与学生之间的深度互动，强化思政工作在导学关系中的渗透力，确保思政工作目标在导学过程中得到全面落实。其次，该系统的构建原则应当是：①以学生为中心：关注学生的全面发展，特别是思想政治素质的提升。②导师引领：发挥导师在思政教育中的主导作用，引导学生树立正确的世界观、人生观和价值观。③协同合作：加强学校各部门之间的协同联动，形成思政教育合力。

（二）建立组织架构

1. 成立校级工作领导小组

组成：由各高校（院、所）主要或分管领导担任组长，各学院（系）以及教务处、学生工作部、思政部等教辅部门作为成员单位。

职责：负责导学思政工作体系建设的总体规划、政策制定、方案设计、资源调配和监督检查。

2. 成立院系级工作小组

组成：由1~2名思政专任教师，联合本院（系）辅导员、导师代表、学生代表等组成。

职责：负责本院（系）导学思政工作的具体实施、日常管理和效果评估。

（三）完善制度保障

1. 导师遴选制度

明确导师的资格条件和选拔程序，确保导师具备较高的思想政治素质和业务能力。

2. 工作计划制定与执行制度

结合学科特点和学生实际，制订详细的思政工作计划，明确工作目标、内容、方法和时间安排；同时，确保思政教育计划得到有效执行，导师需按照计划开展思政教育活动，并记录相关情况。

（四）加强资源保障

1. 经费保障

各高校（院、所）为导学思政工作体系的建设应当提供必要的经费支持，可以单列经费确保各项工作顺利开展。

2. 设施与平台保障

加强思政教育设施建设，如建设思政教育实践基地、网络学习平台等，为导师和学生提供丰富的教育资源和学习环境。

（五）强化监督与评估

1. 监督机制

建立完善的监督机制，对导学思政体系的建设和运行情况进行定期检查和评估。

2. 评估机制

通过问卷调查、访谈、观察等多种方式收集导师、学生和家长的反馈意见，对导学思政体系的实施效果进行全面评估，根据评估结果及时调整和完善导学思政体系的建设方案和工作措施。具体构建策略详见下文"建立导学工作评价系统"。

综上所述，通过建立导学组织保障系统，可以确保导学思政体系在高校中的有效运行和持续发展。

二、建立导师培训支持系统

导师作为研究生培养的第一责任人,其育人能力直接影响研究生的学术水平、科研能力和综合素质。强化导师队伍建设的一个重要维度就是要打造一直高水平育人能力的导师队伍。在研究生思想政治工作中,导师育人能力的培养不仅有助于导师更加关注学生的全面发展,还有助于研究生形成健全的人格、树立正确的价值观,并具备解决复杂问题的能力,更可以激发导师的科研热情和创新精神,推动学科前沿问题的研究和探索。因此,在导学思政工作体系中,建立导师培训支持系统是非常有必要的。该系统的构建以方案形式呈现如下。

(一)培训目标

1. 提升导师思政素养

通过培训,增强导师的思想政治理论水平,使其能够深入理解并践行社会主义核心价值观。

2. 强化思政教育能力

提升导师在思政教育中的创新能力、沟通能力和实践能力,以便更好地指导研究生。

3. 优化思政工作方法

为导师提供多样化的思政工作方法和工具,帮助其更有效地开展思政教育活动。

(二)培训内容

1. 思想政治理论

深入学习习近平新时代中国特色社会主义思想,理解其时代背景和核心要义。掌握马克思主义基本原理、中国特色社会主义理论体系等基础知识。解读国家关于研究生思政工作的相关政策、法规和文件精神。

2. 思政教育方法

介绍并教授多种思政教育方法和技巧，如案例分析法、讨论式教学法、心理疏导与辅导等。分享成功的思政教育案例和经验，让导师从实际操作中学习如何有效开展思政工作。鼓励导师创新思政工作方式，结合学科特点和学生实际，制订个性化的思政工作方案。

3. 师德师风建设

强调导师的师德师风建设，引导导师树立正确的职业道德观念，做到以身作则、言传身教。开展师德师风教育活动，提高导师的职业道德水平和职业素养。

（三）培训方式

1. 线上培训

利用互联网和信息技术，搭建线上培训平台，提供丰富的在线课程资源和互动交流平台。导师可以随时随地进行学习，并通过论坛、问答区等与他人进行交流和讨论。

2. 线下培训

定期组织线下培训活动，如专题讲座、研讨会、工作坊等，邀请专家学者和经验丰富的导师进行授课和分享。通过面对面的交流和互动，加深导师对思政工作的理解和认识。

3. 混合式培训

结合线上和线下培训的优势，采用混合式培训方式，提高培训的灵活性和实效性。线上学习理论知识，线下进行实践操作和互动交流，形成完整的学习闭环。

（四）培训效果评估与反馈

1. 学习效果评估

通过在线测试、作业提交、项目实践等方式，对导师的学习效果进行评估。确保导师掌握了必要的思政工作知识和技能，达到培训目标。

2. 反馈与改进

建立畅通的反馈渠道，收集导师对培训内容的意见和建议。根据反馈结果，及时调整和优化培训内容和方法，确保培训工作的针对性和实效性。定期对培训工作进行总结和评估，不断完善培训支持机制。

（五）保障支持

1. 政策支持

高校或研究机构应出台相关政策，明确导师在思政工作中的职责和要求，为培训支持方案的实施提供政策保障。

2. 经费保障

为导师思政工作培训提供必要的经费支持，确保培训工作的顺利开展

3. 师资保障

组建专业的培训师资队伍，包括思想政治教育专家、心理学家、优秀导师等，为导师提供高质量的培训服务。

4. 激励机制

建立导师思政工作考核机制，将思政工作成效纳入导师考核体系。对在思政工作中表现突出的导师给予表彰和奖励，激发导师参与思政工作的积极性和主动性。具体构建策略详见下文"建立导学工作评价系统"。

上述导师思政工作培训支持方案，可在一定程度提升导师的思政教育工作能力，各高校（院、所）可根据本单位实际情况进行细化完善。

三、建立导学关系维护系统

导学关系，特指研究生与导师之间在学术指导、专业引领及科研合作过程中形成的一种密切而复杂的关系。它不仅是一种教学关系，更包含了师徒传承、学习科研共同体、命运共同体等多重内涵。导学关系维护的重要性不言而喻，和谐的导学关系是保证研究生教学质量的重要前提，良好的导学关系有助

于研究生的全面发展和个性化成长。针对当前导学关系异化的现状，在导学思政工作体系中建立导学关系维护系统也是迫在眉睫。

（一）明确导师角色定位

各高校（院、所）应当通过制度文件明确导师在导学关系中的定位和职责，如制定《研究生导师思想政治工作指引》《研究生导师工作职责规范》等。

1. 学术引领者

（1）专业指导：导师应在研究生的学术道路上发挥引领作用，提供专业的指导和建议，帮助研究生选择适合的研究方向，解决科研中遇到的问题。

（2）知识传授：导师应将自己丰富的学术经验和专业知识传授给研究生，通过课程教学、专题讲座、科研实践等方式，提升研究生的学术素养和科研能力。

2. 科研合作者

（1）共同参与：导师应与研究生建立科研合作关系，共同参与课题研究，指导研究生制订研究计划、设计实验方案、分析数据并撰写论文。

（2）创新引导：导师应鼓励研究生独立思考、勇于创新，引导他们在科研过程中发现问题、解决问题，培养他们的创新意识和科研能力。

3. 人生导师

（1）品德塑造：导师不仅是学术上的引路人，更是研究生品德塑造的楷模。导师应以身作则，通过言传身教，引导研究生树立正确的世界观、人生观和价值观。

（2）职业规划：导师应关注研究生的职业发展，为他们提供职业规划和就业指导，帮助他们明确职业目标，提升就业竞争力。

（二）加强沟通理解

研究生与导师之间可以建立起"定期交流机制"，保持沟通的畅通无阻。双方应相互尊重差异，寻求共同点，促进相互理解和支持。该机制的构建，首先要明确导学交流的目的，如了解学生的学习进展、科研情况、心理动态，以及提供必要的指导和支持；同时，确定交流的频率，如每周、每月或每学期进行一次交流，以确保交流的及时性和有效性。其次，选择合适的交流方式。导学交流可以采用多种方式，包括面谈、电话、邮件、视频会议等。具体选择哪种方式，可以根据实际情况和双方的需求来确定。例如，对于重要或紧急的事项，可以采用面谈或电话交流的方式；对于日常的学习进展和科研情况，则可以通过邮件或视频会议进行定期汇报和讨论。再次，制订交流内容框架。为了确保交流的效率和质量，可以制订一个交流内容的框架。这个框架可以包括学生的学习进展、科研进展、遇到的困难和问题、需要导师提供的帮助和支持等方面。学生可以根据这个框架准备交流材料，以便在交流过程中更加清晰地表达自己的想法和需求。最后，完善反馈改进。学生可以对导师的指导进行反馈，提出自己的意见和建议；导师也应该根据学生的反馈和建议进行改进和调整，以更好地满足学生的需求和提高指导效果。同时，可以定期回顾和总结交流情况，分析存在的问题和不足，并制订相应的改进措施。

（三）建立互信合作关系

导学关系的建立和维护需要建立在相互信任的基础上。导师应信任研究生的能力和潜力，给予他们足够的自主权和发挥空间。研究生应信任导师的指导和建议，积极配合导师的工作安排。导师在日常导学工作中可采取以下方式拉进导学关系。

1. 展现真诚与尊重

导师应展现出真诚的态度，对研究生的学术兴趣、个人成长给予真诚的关注和支持；同时，尊重研究生的个性、观点和选择，鼓励他们在科研道路上勇敢探索、自由表达。这种真诚与尊重是建立互信的基础。

2. 积极沟通与倾听

良好的沟通是建立互信与合作的关键。导师应主动与研究生保持沟通，了解他们的学习进展、科研情况、心理动态等。在沟通过程中，导师应耐心倾听研究生的想法和需求，给予积极的反馈和建议；同时，也要鼓励研究生主动与导师沟通，分享自己的思考和困惑。

3. 共同制订目标与计划

导师和研究生可以共同制订学习目标和科研计划，明确双方的期望和责任。这种共同参与的方式有助于增强研究生的责任感和归属感，同时也有助于导师更好地了解研究生的能力和需求，从而提供更加精准的指导和支持。

4. 合作完成科研项目

科研项目是导师和研究生合作的重要载体。在科研项目中，导师可以发挥自己的学术优势和经验，为研究生提供指导和帮助；研究生则可以发挥自己的创新精神和实践能力，积极参与科研工作。通过共同完成科研项目，导师和研究生可以建立起深厚的合作关系和互信基础。

5. 关注个人成长与发展

导师不仅要关注研究生的学术进展和科研能力，还要关注他们的个人成长和发展。这包括帮助研究生制订职业规划、提供心理支持、培养良好的人际交往能力等。通过关注个人成长与发展，导师可以更加全面地了解研究生的需求和期望，从而提供更加贴心的帮助和支持。

6. 及时表扬与鼓励

当研究生取得进步或成就时，导师应及时给予表扬和鼓励。这种正面的反馈可以增强研究生的自信心和动力，激发他们更加积极地投入学习和科研工作；同时，表扬和鼓励也是建立互信与合作关系的有效手段之一。

（四）重塑导学和谐关系

在当今教育领域，如何有效预防、处理及疏导"导"与"学"之间的矛盾，成为促进师生共荣共进、维护良好教学秩序的关键议题。我们需要畅通矛盾调处渠道，构建高效反馈机制，为师生矛盾的化解开辟畅通渠道，营造积极向上的导学环境。

1. 矛盾预警：防患于未然

师生关系的和谐是教学质量的基石。面对潜在的导学矛盾，我们不能坐视不理，而应主动出击，将其扼杀在萌芽状态。这要求我们建立起一套高效灵敏的矛盾预警系统，鼓励师生通过官方渠道平等交流、及时反映问题。例如，设立"导学关系热线"或"在线交流平台"，让师生能够随时随地表达心声，确保问题得到及时关注并解决。

2. 桥梁搭建：发挥思政干部与党员骨干的作用

在导学矛盾的调处过程中，研究生思政干部和党员骨干应成为不可或缺的桥梁与纽带。他们应深入师生群体，倾听各方声音，通过组织座谈会、研讨会等形式，促进双方的理解与沟通；同时，他们还需发挥"黏合剂"作用，用实际行动营造导学互动的良好氛围，推动师生关系的和谐发展。

3. 平台构建：设立"导学关系信箱"

为了进一步畅通师生反映问题的渠道，建议在基层学院研究生工作办公室设立"导学关系信箱"。这一平台不仅保护了师生的隐私，还能确保问题得到及时、有效的处理。师生可以通过匿名或实名的方式提交意见、建议或投诉，相关部门则需在规定时间内给予回复，确保每个声音都被听见，每个问题都得到重视。

4. 制度保障：人性化转导师制度

针对因导学关系恶化、研究兴趣与专长不匹配等原因需要更换导师的情况，学校或研究生培养单位应设计并实施人性化、可操作的转导师制度。以西安交通大学为例，其"有权转"与"能转成"的规定为师生提供了明确的路径与保障。研究生在符合一定条件下可申请转导师（必要时转专业、转学院），而学校则按照既定流程进行审批与备案，确保转导师过程的顺利进行。这一制度的实施不仅保障了师生的双向选择权利，还有效化解了矛盾冲突，促进了研究生的心理健康与创新活力。

（五）加强人文关怀

导师应关注研究生的心理健康和成长需求，给予他们必要的关怀和支持；同时，高校也应加强对导师的人文关怀，为他们创造良好的工作条件，激发他们的积极性。导师可以采取以下措施。

1. 建立个性化沟通渠道

导师应主动了解学生的个人背景、兴趣爱好、学习习惯及面临的困难，通过定期的一对一交流、邮件往来或线上会议等方式，建立个性化的沟通渠道。这种沟通不仅限于学术指导，更应涉及学生的情感、生活和职业规划，让学生感受到被关心和支持。

2. 关注学生心理健康

导师应关注学生的心理健康状况，及时察觉学生的情绪变化和心理压力；

引导学生参与心理健康教育活动，提供心理咨询资源，并在必要时协助学生寻求专业帮助。同时，导师自身的积极态度和乐观精神也能对学生产生积极影响。

3. 培养师生情感联系

除了学术指导外，导师还可以通过共同参与课外活动、社会实践或团队建设等方式，与学生建立深厚的情感联系。这些活动能够增进师生之间的了解和信任，使学生在轻松愉快的氛围中感受到导师的关怀和温暖。

4. 提供个性化发展建议

导师应根据学生的兴趣和特长，提供个性化的职业规划和学术发展建议。鼓励学生探索未知领域，挑战自我，同时关注学生的个人成长和长远发展。通过具体的指导和支持，帮助学生实现自我价值的最大化。

5. 倡导尊重与包容的学术氛围

导师应倡导尊重与包容的学术氛围，鼓励学生表达自己的观点和想法，即使这些观点与导师不同。通过开放性的讨论和交流，培养学生的批判性思维和创新能力，同时让学生感受到在学术探索中的自由与尊重。

6. 关注学生的生活困难

导师应关注学生的生活实际困难，如经济压力、家庭问题或社交障碍等。在条件允许的情况下，可以为学生提供必要的帮助和支持，如奖学金申请、勤工俭学机会或心理辅导等。这些关怀措施能够让学生更加专注于学业和个人发展。

7. 树立榜样与引领

导师自身的言行举止和人格魅力对学生具有深远的影响。因此，导师应以身作则，树立积极向上的榜样形象，通过自身的努力和成就来激励和引领学生不断前进；同时，导师还应关注学生的道德品质和社会责任感的培养，引导学生成为有担当、有情怀的时代新人。

四、建立导学宣传引导系统

导学思政宣传引导是指通过宣传教育的方式，将思政教育与导学过程紧密结合，向研究生、导师及各类育人主体传播和推广思政教育在导学中的重要性和实践方法。这一过程旨在强化研究生的思想政治素养，培养正确的世界观、人生观和价值观，同时提升导师及辅导员、班主任等育人主体的思政教育意识和能力，构建全员、全过程、全方位的思想政治教育新格局。导学思政宣传引导在强化学生思政意识、提升教学质量、构建良好师生关系、推动高校思政工作创新、形成全员育人合力以及培养德智体美劳全面发展的社会主义建设者和接班人等方面都具有重要意义。因此，在导学思政工作体系中，必不可少一个科学、规范、高效的导学宣传引导系统或功能模块。

各高校（院、所）在组织保障系统中建立的导学思政工作领导机构要负责统筹协调和指导全校的导学思政宣传引导工作，通过制定和完善宣传引导相关规章制度，如宣传引导工作方案或工作指引等，明确工作职责、任务和要求，确保工作有章可循、有据可依。

（一）明确目标任务

1. 确立指导思想

以习近平新时代中国特色社会主义思想为指导，坚持立德树人根本任务，将思政教育贯穿于导学全过程。

2. 明确工作目标

构建全员、全过程、全方位的导学思政宣传引导工作系统，提升学生思想政治素养，培养德智体美劳全面发展的社会主义建设者和接班人。

（二）强化宣导阵地建设

1. 强化导师指导阵地

鼓励导师在挖掘专业课程中的思政元素，如科学精神、职业道德、社会责任等，将其融入学业指导中，使研究生在学习专业知识的同时，也能接受到思政教育；同时，开展定期考核评价，压实导师育人责任。

2. 丰富校园文化活动

定期开展主题班会、团日活动、社团活动、文艺演出等文化活动，以丰富的形式和内容，将思政教育融入学生的日常生活和学习中，增强思政教育的吸引力和感染力。在校园内设置思政宣传栏、展板、海报等，利用校园广播、电视等传统媒体进行思政教育宣传。开展主题讲座、研讨会、辩论赛等线下活动，为研究生提供更多参与思政学习的机会。

3. 利用新媒体平台

利用互联网和新媒体技术，建立或完善校—院两级思政宣传的官方网站、微信公众号、微博账号、短视频平台账号等，定期发布思政教育相关资讯、案例、视频等内容，与研究生进行互动和交流。

4. 拓展社会实践基地

拓展与企业、政府、学校、医院、社区等单位合作，开辟多元的社会实践基地和多样的社会实践活动。

（三）创新宣导方式

1. 鼓励互动式学习

利用虚拟现实（VR）、增强现实（AR）等先进技术，开发思政教育的互动体验项目，让研究生在沉浸式的环境中接受思政教育。

2. 倡导案例式教学

选取具有代表性和时代感的案例，通过案例分析、角色扮演等方式，引导研究生深入思考和讨论，提高思政教育的针对性和实效性。

3. 注重微传播

利用短视频、微电影、H5页面等微传播手段，制作短小精悍、易于传播的思政宣传内容，扩大思政教育的覆盖面和影响力。

(四) 丰富宣传内容

1. 紧跟时政热点

紧密关注国内外时政热点，及时将相关思政元素融入宣传内容中，引导研究生关注国家大事、关注社会发展。

2. 挖掘优秀传统文化

深入挖掘和弘扬中华优秀传统文化中的思政元素，如传统美德、历史典故、名人故事等，增强研究生的文化自信和价值认同。

3. 关心心理健康

关注研究生心理健康问题，将心理健康教育与思政教育相结合，帮助他们树立正确的心理健康观念，提高心理素质和抗压能力。

五、建立导学工作评价系统

导学工作评价系统是集合考核评价、奖惩改进机制于一体的综合性的评估框架。它旨在通过一系列标准化的评价指标和方法，对导学工作的各个方面进行全面、客观、公正的考核评价，并以此为根据进行奖惩。理论上，导学思政工作涉及教师侧和学生侧两个方面主体在纵向和横向的协同、双向思政工作，工作内容繁多、复杂。要对导学思政工作进行全面考核评价不仅考虑因素多，而且工作量巨大。因此，本书目前仅着眼于"导师思政工作"这一核心工作来进行考核评价系统的构建。

导师思政工作评价考核是研究生思想政治工作中一项重要且复杂的任务。为全面评估导师在思想政治工作方面的工作成效，该系统的构建应当由校级层面导学思政工作领导机构主导，建立起评价考核和激励责任两大机制板块。

(一) 评价考核机制

1. 明确考核评价基本原则

(1) 坚持多维度评价原则。传统的评价体系往往过于依赖量化指标，如科研成果数量、论文发表级别等，这些指标虽然在一定程度上能够反映研究生的

第六章 实施设想：新时代研究生导学思政工作体系的构建

学术能力和导师的科研指导水平，但难以全面衡量导师在思想政治教育、价值观培育等方面的贡献。因此，我们需要认识到"唯量化"评价的局限性，避免将其作为评价的唯一标准。为了更全面地评价导师在思政工作方面的成效，我们需要设计一套科学多元的评价考核指标，实施"导学思政"的多维度评价，将育人效果评价从单一的学术科研维度，向思想引领、价值塑造、社会责任、人文素养等多维度延伸，将客观量化评价与主观效度检验相结合。

（2）坚持过程与结果结合性评价原则。结果性评价主要关注可量化的成果，如科研成果、论文发表等，这些成果能够直观地反映研究生在学术方面的能力和成就。然而，人才培养是一个复杂而系统的过程，仅仅依靠结果性评价是远远不够的。过程性评价则更加注重培养过程中的各个环节和因素，如思想引领、价值塑造、品格养成等，这些方面对于研究生的全面发展具有至关重要的作用。将结果性评价与过程性评价相联结，可以全面、客观地反映导师在思政工作和人才培养中的成效。通过结果性评价，我们可以了解研究生在学术方面的成果和进步；而通过过程性评价，我们可以深入了解导师在培养过程中的具体做法和贡献，以及研究生在思想、价值、品格等方面的成长和变化。

2. 设定多维度评价考核指标

实施"导学思政"的多维度评价，这些指标应涵盖以下几个维度。

（1）思想引领维度：评价导师在研究生思想引领方面的成效，如是否能够有效引导研究生关注国家大事、社会热点和学科前沿问题。

（2）价值塑造维度：关注导师在研究生价值观塑造方面的作用，如是否能够帮助研究生树立正确的道德观念、职业精神和人生追求。

（3）社会责任维度：考察导师是否注重培养研究生的社会责任感和公民意识，是否鼓励研究生积极参与社会服务和公益活动。

（4）人文素养维度：关注导师在提升研究生人文素养方面的努力，如是否注重培养研究生的艺术修养、文化底蕴和跨文化交流能力。

3. 综合运用评价考核方法

（1）资料搜集与整理：对导师的思想政治教育相关工作档案、工作日志、音像资料及工作总结等进行收集和整理，从中提取评价考核所需的资料。

（2）汇报与访谈：组织导师进行工作汇报，就其在思想政治教育方面的认知、做法和成效进行阐述；同时，通过访谈学生、同事等相关人员，了解导师在思政工作中的实际表现。

（3）问卷调查：设计科学合理的问卷，对导师、学生及相关人员进行问卷调查，收集他们对导师思政工作的评价和反馈。

（4）专业评价：采用同行评审、专家评估等方式对导师的思政工作进行专业评价。

（二）奖惩改进机制

1. 奖惩机制

导师思政工作的奖惩机制是确保导师在研究生培养过程中充分发挥思想政治教育作用的重要手段。将评价考核结果与奖惩机制相结合，对在思政工作中表现突出的导师给予表彰和奖励；对存在问题的导师进行批评教育和帮助改进。

（1）奖励机制。

①荣誉称号：对于在思政工作中表现突出的导师，可以授予荣誉称号，如"优秀思政导师""研究生思政教育先锋"等，以资鼓励。

②资金支持：为在思政工作中取得显著成果的导师提供必要的资金支持，用于进一步开展思政研究、创新思政教学方法等。

③职业发展机会：将思政工作成效作为导师职称晋升、职务提拔的重要依据，为优秀思政导师提供更多的职业发展机会。

④培训与交流：组织优秀思政导师参加国内外高水平的培训与交流活动，提升其思政工作能力和水平。

（2）惩罚机制。

①警告与通报批评：对于在思政工作中存在失职行为的导师，首先给予警告并通报批评，要求其限期整改。

②限制招生与指导：对于思政工作成效不佳的导师，可以限制其招生数量或指导资格，直至其整改合格。

③取消资格与职称降级：对于严重失职或造成恶劣影响的导师，可以取消其导师资格或进行职称降级处理。

2. 反馈改进机制

及时向导师反馈评价考核结果，指出其在思政工作中的优点和不足，并提出具体的改进建议和指导意见，不断完善和优化导师思政工作评价考核系统，推动导师思政工作持续改进和提升。

（1）做好问题分析。对收集到的反馈信息进行量化统计和质化分析，找出普遍存在的问题和个别特殊情况，为后续的改进提供依据。邀请相关领域的专家对反馈信息进行评审和指导，提供专业性的意见和建议。

（2）制定改进措施。根据反馈分析结果，制定具体的改进措施和计划，针对存在的问题进行逐一解决。对改进措施的实施情况进行持续跟踪和评估，确保改进措施的有效性和可持续性。

可见，导学思政工作评价考核系统是一项复杂工程，需要综合考虑多个方面的因素、指标和机制。针对上述设想不足之处，各高校（院、所）可以此为参考，在本单位实际情况基础上进行细化完善。

第二节　构建导学主体互动工作矩阵

一、完善导学协同育人系统

在研究生思政工作中，多主体协同育人本身就是落实"三全育人"工作要求的具体体现。导学思政工作体系同样需要立足于导师育人工作，充分调动辅导员、班主任、思政专任教师以及校团委、学工部门等教辅部门主体的育人力量，开展协同育人工作，共同促进学生的全面发展。建立起教师侧多主体的协同育人系统，就是要形成不同部门、不同角色、不同专业的教师主体工作合力，从而打破传统教育模式中各自为政的局面，实现教育资源的优化配置和育人效果的最大化。

各高校（院、所）应制定相关政策文件，明确各主体的职责和任务，形成协同育人的工作机制。

（一）明确协同育人目标

各高校（院、所）应明确导学思政协同育人的目标，即通过协同合作，提升学生的思想政治素质、学术素养和综合能力。这一目标应贯穿于整个教育过程，成为各主体协同育人的共同追求。

（二）建立协同育人组织体系

成立协同育人领导小组：由学校党委领导担任组长，相关部门负责人和学院领导为成员，负责统筹协调全校的协同育人工作。

设立协同育人办公室：作为日常办事机构，负责具体落实协同育人的各项任务和政策措施。

构建多层级协同网络：在学校层面、学院层面和教研室层面分别建立协同育人工作小组，形成上下联动、左右协同的工作格局。

（三）完善协同育人制度保障

制定协同育人政策文件：明确各主体的职责和任务，规范协同育人的工作流程和标准。

建立协同育人考核激励机制：建立科学合理的考核评价体系，对协同育人的成效进行全面、客观的评价，并将评价结果作为教师绩效考核的重要依据。通过设立专项经费、评优评先等方式，激励教师积极参与协同育人工作。具体构建设想详见上文"建立导学工作评价系统"一节。

（四）创新协同育人模式

1. 教学协同

思政教师可以与专业课程教师合作，挖掘专业课程中的思政元素，将思想政治教育渗透到专业课程教学中。导师在指导学生科研和学术活动时，可以邀请思政教师参与，共同开展思想政治教育，使学生在科研实践中提升思想政治素质。

2. 管理协同

辅导员与导师、思政教师通过定期召开工作例会、座谈会等方式，分享学生思想动态、学习情况和存在的问题，共同制定解决方案；同时，利用现代信息技术手段，建立学生信息管理平台，实现导师、辅导员和思政教师之间的信息共享和实时交流。

3. 活动协同

联合举办主题活动，如主题党日、团日活动、社会实践等，邀请导师、辅导员和思政教师共同参与，形成育人合力。开展志愿服务和公益活动，鼓励学生参与志愿服务和公益活动，导师、辅导员和思政教师可以作为指导者和组织者，引导学生将所学知识应用于社会实践，增强社会责任感和使命感。

第六章 实施设想：新时代研究生导学思政工作体系的构建 ◇

（五）强化信息技术支撑

建立信息共享平台：利用现代信息技术手段，建立学生信息管理平台，实现导师、辅导员和思政教师之间的信息共享和实时交流。

开发协同育人软件：开发专门的协同育人软件或平台，为各主体提供便捷的协同工作工具和数据支持。

推广线上教学：利用网络平台开展线上教学，打破时间和空间的限制，提高教学效率和效果。

二、搭建导学互动育人系统

导学思政工作不是导师对学生的单向育人，而是导学互动的双向育人。导学互动育人是在导师与学生之间通过语言、行为、情感等多种方式进行相互交流、影响和作用，从而达到育人目标的一种思政工作模式。这种互动基于民主、平等、尊重的原则，旨在通过双方的共同努力，实现思想政治素质的共同提升和全面发展。在互动过程中，导师作为引领者和指导者，通过言传身教、答疑解惑、引导启发等方式，向学生传授思想政治知识，培养学生的道德品质和社会责任感；而学生则作为学习的主体和参与者，通过积极思考、主动提问、参与讨论等方式，与导师进行深入的交流和互动，促进导师自身思想政治素质的提升。因此，构建导学思政工作体系，需要搭建起导学互动双向育人的工作系统，达到双向育人、共同提升的目的。

（一）构建互动平台

建立多元化的互动场景：利用课堂教学、实践教学、网络平台等多种渠道，为导师与学生提供广泛的互动空间。例如，通过线上线下的混合式教学模式，增强师生之间的交流与互动。

设立导师工作室或学习小组：为导师和学生提供固定的交流和合作平台，方便双方就学习、科研、生活等方面的问题进行深入探讨。

（二）完善导师制度

选拔优秀导师：建立严格的导师选拔机制，选拔政治素质高、业务能力强、热爱学生工作的教师担任导师。

加强导师培训：定期对导师进行思想政治教育、心理健康教育、教学方法等方面的培训，提升导师的综合素质和育人能力。

明确导师职责：制定详细的导师工作职责和工作规范，明确导师在思政教育、学业指导、生活关怀等方面的具体任务和要求。

（三）创新互动方式

采用问题导向的教学方法：鼓励导师在教学过程中采用问题导向的教学方法，引导学生积极思考、主动提问，形成师生互动的良好氛围。

开展丰富的实践活动：组织各种形式的实践活动，如社会调查、志愿服务、科研项目等，让学生在实践中体验、感悟和成长，增强思政教育的实效性。

利用新媒体手段：借助微信、微博、短视频等新媒体平台，开展线上思政教育活动，如网络直播、微课、在线讨论等，拓宽师生互动的渠道和方式。

（四）强化保障机制

加强组织领导：由学校导学思政工作领导小组负责统筹协调、指导督促导学互动各项工作的落实。

加大投入力度：在经费、场地、设施等方面给予充分保障，确保导学思政互动育人系统的顺利运行。

营造良好氛围：通过宣传报道、表彰奖励等方式，营造浓厚的思政教育氛围，激发导师和学生参与互动育人的积极性和主动性

三、搭建研究生同辈育人系统

研究生同辈育人是指通过研究生之间的相互影响、相互帮助和相互教育，达到共同成长和进步的目的。这种育人模式强调同辈之间的平等性、互动性和自主性，旨在利用研究生群体的资源优势，促进研究生思想政治素质、道德品质、学术能力等多方面的提升。

在研究生思政工作中，同辈育人的优势明显：①增强主体性和自主性。研究生作为受教育者，在朋辈教育中能够更加自主地参与学习和实践活动，从而增强其主体性和自主性。②提高亲和力和认同感。同辈之间的教育更加具有亲和性和认同感，有助于减少师生之间的距离感，使研究生更容易接受和内化思想政治教育的内容。③促进优势互补和共同成长。研究生群体中的个体具有不同的学科背景、学术能力和实践经验，通过朋辈教育可以实现优势互补和共同

成长。④扩大思政工作主体力量。培养发展优秀的研究生作为德育工作的参与者,有利于扩大高校研究生思想政治工作主体力量,缓解导师、辅导员人手不足的问题。此外,从导学思政工作的内涵来看,发挥学生党员、先进典型、学生干部以及学生组织等学生侧主体的育人作用本身也是其应有之义。因此,导学思政工作体系需要构建研究生同辈育人系统。

（一）建立朋辈辅导机制

各高校（院、所）可以探索建立研究生朋辈辅导机制,选拔优秀的研究生担任朋辈辅导员或导师助理,为新生或需要帮助的研究生提供学习、生活、心理等方面的指导和帮助。首先,在选拔与培训朋辈辅导员方面,应制定明确的选拔标准,包括学术成绩、道德品质、沟通能力、责任心等方面。选拔过程应公开、公正、透明,确保选拔出的朋辈辅导员能够胜任这一角色；同时,对选拔出的朋辈辅导员进行系统的培训,包括思想政治教育、心理辅导、学习方法、职业规划等方面的知识和技能。培训方式可以包括讲座、工作坊、模拟演练等。其次,在辅导内容方面,要根据研究生的实际需求,制订具体的朋辈辅导计划。计划应涵盖以下几个方面：①学术指导。包括研究方法、论文写作、文献检索等方面的指导,帮助研究生提高学术能力。②生活关怀。关注研究生的日常生活和心理健康,提供必要的帮助和支持,如宿舍安排、心理健康咨询等。③职业规划。引导研究生树立正确的职业观念,提供就业信息、职业规划指导等服务,帮助他们顺利实现职业目标。最后,利用现代信息技术手段,建立朋辈辅导网络。可以开发专门的朋辈辅导平台或利用现有的社交媒体工具,为研究生提供便捷的在线交流和辅导服务；同时,可以组织定期的线下活动,如学术沙龙、经验分享会等,增强朋辈之间的交流和互动。

（二）实施朋辈互助计划

针对研究生在学习、科研、就业等方面遇到的问题,实施朋辈互助计划,鼓励研究生之间相互帮助、共同解决问题。各学院可以成立朋辈互助中心或委员会,负责整体计划的策划、组织与实施,招募并培训一批热心公益、具备一定心理素质和沟通能力的学生作为朋辈互助员。在各学院班级、实验室或科研团队中,根据实际情况,成立不同领域的互助小组,如学业辅导组、心理支持组、生活关照组等。各互助委员会或小组通过问卷调查、座谈会等方式,了解学生在学业、心理、生活等方面的具体需求。根据调研结果,制订详细的朋辈互助实施计划,包括活动主题、时间、地点、参与人员等。例如：①学业辅导，组织优秀学生为学习困难的同学提供一对一或小组辅导；②心理支持，开展心理健康讲座、心理沙龙等活动，提供心理咨询服务；③生活关照，组织志愿者为需要帮助的同学提供生活上的支持和关照；④团队建设，通过户外拓展、团队游戏等活动增强团队协作能力。

第三节 探索导学场域融合工作模式

一、推动与党建思政融合育人

在一般意义上，导学思政是以导师、辅导员等教师侧主体为核心，立足于导学关系，在研究生成长过程中的不同场域开展思想政治工作。导学思政工作虽然通常聚焦于研究生成长过程中学业指导、价值引领、行为引导、管理服务等场域，但并不代表着与其他思政工作方式或领域完全并行而没有交集。作为高校思想政治工作体系的重要组成部分，以党建教育引领学生思想政治工作一直是我们的优良传统。对于导学思政工作而言，将导师育人、多主体协同育人与党建育人融合开展是很有必要的，这不仅是因为后者有很强的耦合性，更是因为两者的有机结合对彼此都有工作成效上的增益。这种融合可视为一种工作体系间的外部融合。

（一）创新融合育人机制

1. 建立研究生导学团队

导学团队，顾名思义，是一个以"导学"为核心任务的团队，是导学思政工作中最小最基础的导学单元。它通过合作学习和个性化指导的方式，为研究生提供全方位的支持辅导，激发学习兴趣，引导形成正确的政治立场、思想道德观念和心理素质。实践中，昆明理工大学国土资源工程学院的"云南省三江成矿系统与评价创新团队"就是一个典型代表，该团队良好的学术氛围和导学关系使得德育教育和科研诚信规范取得了良好工作成效。

导学团队的成员应包括：①研究生导师。他们具备深厚的学科知识和丰富的教学经验，是团队中落实立德树人根本任务的第一责任人。②助教或辅导员。协助研究生导师进行教学和辅导工作，关注学生的思想和心理状态。③高年级研究生代表。在某些情况下，他们也会作为助教或学习伙伴参与导学团队，为学生提供帮助和指导。导学团队的主要职责包括但不限于以下几个方面：①制订导学计划。根据学科特点和学生需求，制定科学合理的导学计划，确保思政工作的针对性和有效性。②个性化德育指导。针对不同学生的思想道德状况和心理动态，提供个性化的教育、管理和服务。③组织开展党建活动。开展主题党日活动、专题党课、暑期志愿服务等多种形式的学习活动，培养学生的团结、合作、诚信、奉献精神。

2. 建立研究生纵向党支部

当前，我国高校研究生党支部建设主要以横向行政班级为主，忽略了研究生以教研室为团体开展相关学术活动的客观事实，研究生的学术指导模式与党建组织形式存在交叉点少、联系不紧密的问题，存在党建与业务两张皮的现象，以至于不能很好地发挥党建在研究生教育管理方面的引领示范作用。[①] 为此，有部分高校已开始探索在实验室或科研团队中依托导学团队建设研究生纵向党支部与导学思政融合育人模式，如南京航空航天大学依托"五好"导学团队建立的纵向党支部，实践证实效果良好。

各研究生培养单位可以在本院系教研室、实验室或科研团队为单位建设研究生纵向党支部，规范建设标准，强化导师党建工作责任义务，提升导师在学术水平、道德修养、政治理论学习等方面引领作用，如导师应参与支部的学习计划制订、参与支部活动、定期组织谈心谈话等。正如南航电子信息工程学院微波光子学实验室研究生党支部一样，坚持在导师带领下两周一次政治理论学习制度，党支部定期组织由党员导师、党员博士生定期讲党课，给广大导师参与研究生思政与党建工作起到了很好的示范带头作用。[②]

3. 建立研究生导学"四支队伍"

组建以"支部书记—导学团队—学科辅导员—年级辅导员"为核心的"四支队伍"，形成联动的圈层式、一体化育人格局。研究生党支部书记负责党建引领，将党支部建设成为德育共同体、学习共同体、发展共同体和文化共同体；导学团队发挥导师在科研指导和思政育人中的双重作用，通过导学互动实

[①] 卢江涛，翟雨翔，杨红娟. 研究生纵向党支部建设与"导学思政"融合模式研究 [J]. 产业与科技论坛，2024，23 (11)：219—221.

[②] 张启钱，王爱伟. 导学思政与研究生党支部建设的融合模式研究 [J]. 学位与研究生教育，2021 (6)：37—42.

现思想引领和价值认同；学科辅导员以研究生学业、科研及实际问题为导向，挖掘学科专业知识体系中的思政元素，实现知识传授与价值塑造同频共振；年级辅导员结合时政热点和学生实际开展思想政治教育工作，将"思政元素"等融入日常教育中，潜移默化地影响学生。"四支队伍"间加强沟通联系，建立联席会议、定期例会等常态化协作机制，分工负责导学思政与党建思政融合育人的规划与实施，确保两者在育人过程中的协同一致。

（二）创新融合育人的方式与内容

1. 丰富教学形式

利用新媒体技术和互联网平台创新教学手段，打造兼具吸引力与影响力的特色实践课程，如举办线上红色讲堂、开设红色论坛、开发红色理论学习App等。

2. 融入社会实践

组织学生参与与本学科息息相关的社会生产领域的实践活动，让学生在服务国家战略中拓宽专业视野、涵养家国情怀。

3. 强化课题思政

在科研课题中挖掘和融入思政元素，引导学生在科研实践中树立正确的世界观、人生观、价值观。例如，在相关课题中，深入挖掘其背后的历史背景和文化内涵，引导学生理解并传承中华优秀传统文化，增强文化自信。在课题研究过程中，强调社会责任和道德伦理的重要性，培养学生的社会责任感和职业道德观念。鼓励学生在课题研究中勇于探索、敢于创新，培养其科学精神和创新思维，为国家和社会的发展贡献智慧和力量。

4. 资源共享

充分利用学校的党建资源和导学资源，如党建活动室、党员活动室、导学工作室等，为融合育人提供有力支持；同时，鼓励教师跨领域合作，共同开发教学资源，实现优势互补。

(三) 丰富党建活动形式

1. 主题党日活动

导师或研究生党支部应定期举办主题党日活动，如党史学习教育、红色故事分享会等，邀请专家学者或优秀党员为学生深入讲解党的历史、理论和光辉事迹。通过这些活动，加深学生对党的认识和了解，激发他们的爱国热情和报国志向。

2. 志愿服务活动

导师或研究生党支部应联合学工部门组织学生参与志愿服务活动，如社区服务、环保行动等，让学生在服务社会中锻炼能力、增长才干，同时培养他们的社会责任感和奉献精神。这些活动也是党建思政与导学思政融合育人的重要载体。

二、推动与网络思政融合育人

推动导学思政与网络思政融合育人，是当前高校思想政治教育工作的重要趋势和创新方向。这一融合旨在通过导学思政的深入指导和网络思政的广泛覆盖，实现导学思政与网络思政的优势互补，拓展思政工作的时空边界，增强思政教育的吸引力和感染力，形成线上线下相结合、理论与实践相统一的思政育人格局。

(一) 构建融合平台与资源

1. 搭建融合平台

在搭建导学思政与网络思政的融合平台时，我们需要综合考虑技术、内容、用户以及管理等多个方面。

（1）技术平台构建。一是选择合适的技术架构，采用云计算、大数据、人工智能等先进技术，确保平台具备高可用性、可扩展性和安全性。利用微服务架构，实现不同功能模块之间的解耦，便于后续的升级和维护。二是开发多功能模块。①导学模块：提供在线课程、导学资料、学习进度跟踪等功能，帮助学生系统学习思政知识。②交流互动模块：设置在线讨论区、问答板块、直播课堂等，促进师生、生生之间的交流与互动。③数据分析模块：利用大数据分析技术，对学生的学习行为、兴趣偏好等进行深度挖掘，为个性化教学提供依据。

（2）优化用户体验。设计简洁明了的用户界面，确保用户能够轻松上手。提供多终端访问支持（如 PC 端、移动端），满足不同场景下的学习需求。

2. 内容资源整合

深入挖掘导师的学术思想、人生经历、道德品质等思政教育资源，形成具有特色的导学思政内容。编写或引进高质量的思政教材、案例集等，丰富导学思政资源库。筛选和整合网络上的优质思政教育资源，如在线课程、微视频、讲座回放等。关注时事热点和社会问题，及时引入相关思政话题和讨论。

3. 建立资源共享机制

与其他高校、研究机构等建立合作关系，共享思政教育资源。鼓励学生和教师积极参与资源的创作和分享，形成共建共享的良好氛围。

4. 用户管理与服务

（1）用户注册与认证：设立用户注册系统，要求学生和教师在平台上进行实名认证。根据用户角色（如学生、教师、管理员）设置不同的权限和功能。

（2）个性化学习推荐：利用人工智能技术分析学生的学习行为和兴趣偏好，为其推荐个性化的学习资源和学习路径。设立学习目标和计划制订功能，帮助学生合理规划学习时间和进度。

（3）学习支持与反馈：提供在线答疑、学习辅导等服务，及时解决学生在学习过程中遇到的问题。建立学习反馈机制，鼓励学生和教师对平台内容、功能等方面提出意见和建议。

5. 安全与管理保障

（1）数据安全保护：采用加密技术保护用户数据的安全性和隐私性。定期对数据进行备份和恢复演练，确保数据的完整性和可用性。

（2）内容审核与监管：建立严格的内容审核机制，确保平台上发布的思政教育资源符合相关法规和政策要求。加强对用户行为的监管和管理，及时发现并处理违规行为。

（3）运营与维护：设立专门的运营团队负责平台的日常运营和维护工作。

第六章　实施设想：新时代研究生导学思政工作体系的构建

定期对平台进行升级和优化，确保平台的稳定性和性能。

（二）丰富融合资源

在丰富导学思政与网络思政的融合资源方面，我们可以从多个维度入手，以确保资源的多样性、时效性和针对性。

1. 内容多元化

我们可以整合国内外优秀的思政教材，包括经典著作、最新研究成果等，作为导学思政的基础资源。编写或引进配套的教辅材料，如习题集、案例分析、拓展阅读等，帮助学生深入理解思政知识。充分利用互联网上的丰富资源，如在线课程、微课、讲座视频等，为学生提供多样化的学习选择。关注权威媒体、政府机构、知名学者等发布的思政相关文章、报告和评论，及时引入课堂讨论。组织学生参与社会实践、志愿服务等活动，将思政理论与实践相结合，增强学生的社会责任感和使命感。邀请行业专家、优秀校友等进行分享交流，让学生了解社会现实和职业发展，激发学习动力。

2. 形式创新化

制作或引进思政主题的音频、视频、动画等多媒体资源，提高学习的趣味性和互动性。利用虚拟现实（VR）、增强现实（AR）等新技术，为学生创造沉浸式的学习体验，加深对思政知识的理解和记忆。建立在线讨论区、问答板块等互动平台，鼓励学生积极参与讨论和交流，形成良好的学习氛围。利用社交媒体、即时通信工具等渠道，加强师生、生生之间的沟通与联系，及时解决学习中的问题。根据学生的学习需求和兴趣偏好，提供个性化的学习资源推荐和定制服务。利用大数据和人工智能技术，分析学生的学习行为和效果，为其制定个性化的学习计划和路径。

3. 更新及时化

密切关注国内外时事热点和社会问题，及时引入相关思政话题进行讨论和分析。组织专题讲座、研讨会等活动，邀请专家学者进行解读和点评，引导学生正确看待和理解社会问题。及时更新和引入最新的政策法规、政策解读等内容，帮助学生了解国家政策和法律法规的变化。组织学生参与政策研究、法律咨询等活动，培养学生的法律意识和法治观念。关注教育技术领域的最新进展和趋势，如人工智能、大数据、云计算等技术的应用和发展。积极探索和尝试新技术在思政教学中的应用，提高教学的科技含量和现代化水平。

4. 资源整合化

加强与校内外相关机构的合作与交流，共同开发和利用思政教育资源。引入校外专家、学者等资源，为学生提供更加丰富的学术视野和知识背景。实现线上教学与线下教学的有机结合和互补发展。线上教学注重自主学习和互动交流；线下教学注重面对面指导和实践操作。利用网络平台和工具进行线上线下融合教学，如直播课堂、在线答疑、远程实验等。加强思政课程与其他学科的交叉融合和相互渗透。通过跨学科的教学和研究活动，拓宽学生的知识视野和思维方式。引导学生关注跨学科领域的思政问题和社会现象，培养其综合运用多学科知识解决问题的能力。

（三）创新融合方法手段

1. 线上线下相结合

线上教学主要作为知识传授和自主学习的主要渠道。通过在线课程、微课、视频讲座等形式，为学生提供灵活多样的学习资源。利用网络平台进行预习、复习、自测等自主学习活动，培养学生的自主学习能力和信息素养。线下教学作为互动交流和实践操作的重要环节。通过面对面授课、小组讨论、实践活动等形式，加强师生、生生之间的沟通与联系。针对线上学习的难点和疑点进行深入讲解和讨论，解决学生在学习过程中遇到的问题。

（1）优化线上线下教学内容。确保线上和线下教学内容相互补充、相互衔接。线上教学注重基础知识的讲解和拓展阅读的引导；线下教学则侧重于知识的深入理解和实践应用。线上教学可以引入更多的案例分析、视频资料等多媒体元素，增强学习的趣味性和互动性；线下教学则可以通过实验操作、模拟演练等方式加深学生的理解和记忆。同时，根据学生的学习进度和反馈情况，灵活调整线上线下教学内容的比例和难度。对于重点难点内容，可以适当增加线下教学的课时和深度；对于容易理解的内容，则可以更多地依靠线上资源进行自主学习。

（2）创新线上线下教学方式。采用混合式教学方式，将线上教学和线下教学有机结合起来。例如，可以在课前通过线上平台发布预习任务和学习资料；在课堂上进行互动讨论和问题解决；在课后通过线上平台进行复习巩固和作业提交。尝试翻转课堂的教学模式，将传统的教学流程颠倒过来。学生在课前通过线上平台自主学习基础知识；在课堂上则主要进行问题探讨、案例分析、实践操作等活动；教师则负责引导和答疑。利用线上平台促进协同学习。学生可以在线上组建学习小组，共同完成任务和项目；通过在线讨论和协作工具进行交流和合作；教师可以随时关注学生的学习进展并给予指导和支持。

2. 个性化教学

利用大数据和人工智能技术分析学生的学习行为和兴趣偏好，为学生提供个性化的学习路径和资源推荐。针对学生的不同需求和特点，设计差异化的导学方案和网络思政内容。

3. 情境模拟与互动体验

创设真实的网络情境或模拟场景，让学生在其中进行角色扮演、案例分析等互动体验活动。通过情境模拟引导学生深入思考和理解思政理论知识及其现实意义。

三、推动与日常管理融合育人

日常管理育人是高校在学生日常管理过程中，通过规章制度、管理措施等手段，对学生进行思想政治教育和行为规范引导的一种重要方式。其特点在于贴近学生生活，注重实践性和实效性。日常管理育人的意义在于，能够将思想政治教育融入学生的日常生活中，使学生在潜移默化中接受熏陶和教育，形成良好的行为习惯和道德品质。

当前，我国高校日常管理工作主要包括以下几个方面。

（1）行为规范管理：制定并执行严格的校规校纪，规范学生的日常行为。加强对学生的考勤管理，确保学生按时上课、参加集体活动。对学生的宿舍卫生、个人仪容仪表等进行定期检查，培养学生的良好生活习惯。

（2）安全管理：加强校园安全巡逻和监控，确保学生的人身和财产安全。定期开展安全教育活动，提高学生的安全意识和自我保护能力。建立健全的安全应急预案，确保在突发事件发生时能够迅速、有效地应对。

（3）生活服务管理：提供优质的餐饮服务、住宿服务和医疗服务等，满足学生的基本生活需求。关注学生的心理健康，提供心理咨询和辅导服务，帮助学生解决心理问题。设立学生意见箱和投诉渠道，及时收集并处理学生的意见和建议。

（4）学风建设管理：加强对学生学习态度的引导和教育，激发学生的学习兴趣和动力。定期开展学风建设活动，如学术讲座、学科竞赛等，营造良好的学习氛围。对学生的学习成绩和学业进展进行跟踪和评估，及时发现问题并提供帮助。

日常管理育人是导学思政的重要补充和延伸。新时代，导学思政与日常管理育人的融合是高校研究生育人工作的重要趋势和要求。要将导学思政的理念融入学生的日常管理中，通过制定科学合理的规章制度、开展丰富多彩的教育活动等方式，使学生在日常生活中接受到全方位的思想政治教育。

（一）明确思政教育在日常管理中的核心地位

首先，各研究生高校应明确思政教育在日常管理中的核心地位，将思政教育作为日常管理工作的灵魂和主线。这意味着在日常管理的各个环节和方面，都要注重培养学生的思想政治素质，引导他们树立正确的世界观、人生观和价值观。

（二）制定融入思政教育的日常管理制度

完善规章制度：高校应制定和完善与思政教育相关的规章制度，如学生行为规范、宿舍管理规定、奖惩制度等，确保这些制度中蕴含思政教育的元素，使学生在遵守制度的同时接受思政教育。

强化执行力度：制度的生命力在于执行。高校应加强对规章制度的执行力度，确保各项制度得到有效落实，从而在日常管理中潜移默化地影响学生，提升他们的思想政治素质。

（三）创新思政教育融入日常管理的形式和方法

开展主题教育活动：结合重要时间节点（如国庆节、建党节等）和重大事件，开展主题鲜明、形式多样的教育活动，如演讲比赛、征文比赛、志愿服务等，让学生在参与中接受思政教育。

利用网络平台：借助互联网和新媒体平台，如微信公众号、微博、短视频等，发布思政教育内容，与学生进行互动交流，使思政教育更加贴近学生生活，提高教育的针对性和实效性。

融入校园文化：将思政教育融入校园文化建设中，通过举办文化节、艺术节、体育节等活动，营造积极向上的校园文化氛围，使学生在潜移默化中接受思政教育。

（四）加强辅导员和班主任队伍建设

辅导员和班主任是日常管理和思政教育的重要力量。高校应加强对辅导员和班主任的培训和管理，提高他们的政治素质和业务能力，使他们能够更好地履行育人职责；同时，鼓励辅导员和班主任与学生建立深厚的师生情谊，通过个别谈话、心理辅导等方式，深入了解学生思想动态，及时给予指导和帮助。

（五）探索建立家校合作机制

家庭是学生成长的重要环境。高校应探索建立家校合作机制，加强与家长的沟通和联系，共同关注学生的成长和发展。通过定期召开家长会、家访等方式，向家长介绍学校的育人理念和思政教育情况，争取家长的理解和支持，形成家校共育的良好局面。

总之，将思政教育融入日常管理，实现全方位育人，需要高校从多个方面入手，制订科学合理的策略和方法，并不断加强实践和创新。只有这样，才能培养出更多德智体美劳全面发展的社会主义建设者和接班人。

参考文献

[1] 曹馨月，张群. 新时代高校思想政治教育的创新发展［J］. 辽宁工业大学学报（社会科学版），2021，23（1）：90－93.

[2] 张碧菱，叶定剑. 研究生思想行为特点及教育策略［J］. 高校辅导员学刊，2021，13（4）：91－95.

[3] 习近平. 在庆祝中国共产党成立100周年大会上的讲话［J］. 求是，2021，（14）：4－14.

[4] 贺才乐. 思想政治教育载体研究［M］. 武汉：湖北人民出版社，2004.

[5] 王佳寅. "导学思政"的内涵、核心要素与实施方略［J］. 研究生教育研究，2021（6）：63－67.

[6] 王佳寅. 研究生导学思政"五为"育人体系建设探究［J］. 四川省干部函授学院学报，2024（1）：97－101.

[7] 刘志，张佳宁. 研究生思想政治教育亟待建设"导学思政"体系［J］. 思想理论教育，2022（2）：96－100.

[8] 张小钢，杨茜，唐健璐，等. "三全育人"视角下"导学思政"体系的实践建构研究［J］. 才智，2023（31）：73－76.

[9] 张耀灿，徐志远著. 现代思想政治教育学科论［M］. 武汉：湖北人民出版社，2003.

[10] 赵洺，樊磊. 新时代研究生党建育人何以可能［J］. 高校辅导员学刊，2022，14（2）：63－68.

[10] 习近平对研究生教育工作作出重要指示强调：适应党和国家事业发展需要培养造就大批德才兼备的高层次人才［N］. 人民日报，2020－07－30.

[11] 吕家辉. 习近平青年思想政治教育观引领研究生成才研究［D］. 石家庄：河北科技大学，2021.

[12] 刘棒棒. 研究生导师育人作用发挥研究［D］. 武汉：华中师范大学，2023.

［13］韩雅琦. 研究生导师立德树人职责落实研究［D］. 新乡：河南师范大学，2021.

［14］徐礼平. 数字社会研究生导师立德树人的内涵拓展、实践困境与突破方略［J］. 学位与研究生教育，2023（10）：48－53.

［15］刘秀英. 研究生导师立德树人现状调查及培训对策研究［J］. 成都中医药大学学报（教育科学版），2023，25（4）：21－24.

［16］何齐宗，戴志刚. 高校硕士生导师岗位胜任力的调查与思考［J］. 高等教育研究，2017（8）：51－59.

［17］赵冬会. 马克思人的全面发展理论及其当代启示研究［D］. 大连：辽宁师范大学，2023.

［18］中共中央马克思恩格斯列宁斯大林著作编译局. 马克思恩格斯选集：第1卷［M］. 北京：人民出版社，2012.

［19］陈万柏，张耀灿. 思想政治教育学原理［M］. 北京：高等教育出版社，2015：82

［20］中共中央马克思恩格斯列宁斯大林著作编译局. 马克思恩格斯选集：第1卷［M］. 北京：人民出版社，2009.

［21］习近平. 在全国教育大会上的讲话［N］. 人民日报，2018－09－10（01）.

［22］毛泽东文选：第6卷［M］. 北京：人民出版社，1999.

［23］中共中央文件选集：第1册［M］. 北京：中共中央党校出版社，1989.

［24］毛泽东选集：第2卷［M］. 北京：人民出版社，1991.

［25］十五大以来重要文献选编（中）［M］. 北京：人民出版社，2001.

［26］中共中央马克思恩格斯列宁斯大林著作编译局. 列宁选集：第2卷［M］. 北京：人民出版社，1995.

［27］庞立生. 关于马克思主义理论学科研究生培养中若干关系的思考［J］. 思想教育研究，2019（7）：80－82.

［28］中共中央马克思恩格斯列宁斯大林著作编译局. 马克思恩格斯全集：第46卷（下）［M］. 北京：人民出版社，1980.

［29］《当代汉语词典》编委会. 当代汉语词典：双色修订版［M］. 北京：中华书局，2011.

［30］（东汉）许慎. 说文解字注全文检索［M］. 臧克和，王平，等，编. 广州：南方日报出版社，2004.

［31］（东汉）许慎. 说文解字注全文检索［M］. 臧克和，王平，等，编. 广

州：南方日报出版社，2004.

[32] 彭洁，赵辉，齐娜. 信息资源整合技术 [M]. 北京：科学技术文献出版社，2008.

[33] 范政锟. 新时代大学生社会责任教育策略研究 [D]. 天津：河北工业大学，2019.

[34] 刘双. 新时代大学生爱国主义情怀日常培育研究 [D]. 南昌：南昌航空大学，2021.

[35] 教育部，国家发展改革委，财政部. 关于加快新时代研究生教育改革发展的意见 [EB/OL]. http://www.gov.cn/zhengce/zhengceku/2020-09/22/content_5545939.htm，2020-09-04/2024-06-14.

[36] 国务院学位委员会，教育部. 关于印发《专业学位研究生教育发展方案（2020-2025）的通知 [EB/OL]. https://www.gov.cn/zhengce/zhengceku/2020-10/01/content_5548870.htm?ivk_sa=1023197a，2020-09-20/2024-06-14.

[37] 施华昀. 我国高校硕士生教育的生师比问题研究 [D]. 厦门：厦门大学，2006.

[38] 卢江涛，翟雨翔，杨红娟. 研究生纵向党支部建设与"导学思政"融合模式研究 [J]. 产业与科技论坛，2024，23（11）：219-221.

[39] 中央政府门户网站. 习近平对研究生教育工作作出重要指示 [EB/OL]. [2024-05-25]. https://www.gov.cn/xinwen/2020-07/29/content_5531011.htm.

[40] 彭震伟. 春风化雨润无声——新时代研究生导学思政实践撷英 [M]. 上海：同济大学出版社，2022.

[41] 肖建国，李宏刚，陈权. 新时代高校思想政治教育工作实效与方法研究 [M]. 北京：人民出版社，2023.

[42] 石书臣. 现代思想政治教育主导性研究 [M]. 上海：学林出版社，2004.

[43] 张世欣. 思想政治教育接受规律论 [M]. 上海：上海三联书店，2005.

[44] 张耀灿. 思想政治教育前沿 [M]. 北京：人民出版社，2006.

[45] 袁贵仁. 马克思的人学思想 [M]. 北京：北京师范大学出版社，1996.

[46] 吴珂欣. 高校心理育人研究 [D]. 吉林：东北电力大学，2024.

[47] 骆郁廷. 思想政治教育原理与方法 [M]. 北京：北京师范大学出版社，2020.

[48] 黄志斌. 当代思想政治教育方法论［M］. 合肥：合肥工业大学出版社，2012.

[49] 南京师范大学教育系，编. 教育学［M］. 北京：人民教育出版社，1984.

[50] 刘新庚. 现代思想政治教育方法论［M］. 北京：人民出版社，2006.

[51] 艾四林. 思想政治理论课新体系与教师队伍建设研究［M］. 北京：清华大学出版社，2008.

[52] 何荣杰，张艳明. 课堂教学设计［M］. 北京：北京邮电大学出版社，2014.

[53] 罗洪铁，周琪，王斌. 思想政治教育学学科理论体系演变研究［M］. 北京：中国社会科学出版社，2012.

[54] 黄蓉生，白显良，王华敏. 改革开放30年大学生思想政治教育论［M］. 北京：中国社会科学出版社，2012.

[55] 蔡萌. 习近平关于思想政治教育重要论述研究［D］. 重庆：重庆交通大学，2024..

[56] 项久雨. 思想政治教育服务国家治理论纲［J］. 思想理论教育，2021（2）：12－17.

[57] 叶方兴. 论思想政治教育在国家治理现代化中的角色定位［J］. 思想理论教育，2021（2）：18－23.

[58] 俞可平. 人的全面发展：马克思主义的最高命题和根本价值［J］. 马克思主义与现实，2001（5）：28－29.

[59] 张文杰，许门友，阮云志. 提高新时代大学生思想政治理论课学习兴趣研究［J］. 高教学刊，2021（7）：181－184.

[60] 沈湘平，王葎. 简析"人的根本就是人本身"对思想政治教育的启示意义［J］. 思想理论教育导刊，2006（1）：32－36.

[61] 褚凤英，李光烨. 论思想政治教育研究模式的转变——以"现实的人"作为思想政治教育研究的出发点［J］. 思想教育研究，2006（9）：14－16.

[62] 王佳寅. 研究生导学思政"五为"育人体系建设探究［J］. 四川省干部函授学院学报，2024（1）：97－101.

[63] 喻希子. 使用与满足视域下"导学思政"建设的价值意蕴与实践路向［J］. 大学，2024（2）：11－14.

[64] 张小钢，杨茜，唐健璐，等. "三全育人"视角下"导学思政"体系的实践建构研究［J］. 才智，2023（31）：73－76.

[65] 郑田宏. "导学思政"理念的生成与发展——基于改革开放以来的相关政策文本分析[J]. 教育导刊，2024（1）：22-30.

[66] 过勇. 推进导学思政工作体系建设，努力培养又红又专、全面发展的高层次人才[J]. 中国研究生，2023（7）：12-17.

[67] 巩红，姜春雨. 经济全球化背景下研究生导学思政建设途径研究[J]. 经济师，2023（5）：200-201.

[68] 赵铭. 如何构建良好的导学关系[J]. 中国研究生，2021（12）：63-65.

[69] 方进. 研究生"导学思政"育人模式探究——基于导学关系的案例分析[J]. 科教导刊，2024（10）：87-89.

[70] 魏彬，梁德东. "导学思政"的必然性、现实困境与实现路径[J]. 长春教育学院学报，2023，39（6）：5-9.

后　　记

　　2020年7月29日，习近平总书记在全国研究生教育会议上对研究生教育工作作出了重要指示，强调适应党和国家事业发展需要，培养造就大批德才兼备的高层次人才。为实现这一人才培养目标和落实"立德树人"根本任务，有必要探索适应时代发展需要的研究生思政工作模式。当前，研究生培养的特性特点决定了研究生思政工作需要以导学关系为核心、以研究生培养过程为线性、以导学活动为阵地展开，真正落实全方位育人、全员育人、全过程育人的工作要求。探索构建研究生"导学思政"工作体系，是担当研究生思政工作新使命的必然需要，是应对研究生思政工作新环境的现实需要，是促进研究生思政工作现代化的客观需要，是应对研究生群体特征新变化的具体需要。

　　本书选择以"新时代研究生导学思政工作体系构建研究"为课题，首先从调查分析当前导师育人工作现状着手；其次对导师育人工作的难点问题进行剖析，并围绕当前导师育人现状和工作难点，在借鉴国内外高校育人工作经验教训的基础上，提出了构建的策略与路径；最后对于构建的具体实施，从导学关系保障矩阵和导学主体互动矩阵两大方向进行探讨，进一步延伸了导学场域。限于笔者研究水平，本书恐有不足，请同行同仁多多指正！